参謀の思考法

トップに信頼されるプロフェッショナルの条件

荒川詔四

ダイヤモンド社

参謀の思考法

はじめに

単なる「部下」にとどまるか、「参謀」と認識されるか？

「参謀」が務まるかどうか？

これは、ビジネスパーソンのキャリアを大きく左右するポイントです。企業に勤めると、トップ以外は誰もが「部下」としての立場にたちますが、単なる「優秀な部下」にとどまるか、「参謀」として認識されるかによって、評価のされ方に大きな差が生まれます。「部下」と「参謀」の間には、越えがたいほどの隔《へだ》たりがあるのです。

私自身、株式会社ブリヂストンで、課長、部長などの役職を経て、タイ法人、ヨーロッパ法人、そして本社の社長を任されてきましたが、いま振り返れば、それぞれのポジションで、信頼できる「参謀」を求めていました。

もちろん、社内には「参謀」という役職などありませんし、「あなたに参謀になってほしい」などと伝えるわけでもありません。組織運営などの問題で判断に迷ったり、困難に直面したりしたときに、意見を聞きたくなる、頼りにしたくなる人材を、心の中で「参謀」と位置づけていたのです。平たく言えば、その人物の「見識」を高く評価していたということです。

そして、私が「参謀」と評価していた人々は、実にさまざまな個性、経歴の持ち主ではありましたが、共通する「思考法」があったように思います。「モノの考え方」「仕事に向かう姿勢」「人との向き合い方」など、根本的な部分で同じようなスタンスに立っていたように思うのです。

それは、どのような「思考法」だったのか？

それを明らかにしたいと思い、この本を書くことにしました。ブリヂストンという会社に身を置いて、四十余年にわたってグローバル・ビジネスの最前線で戦ってきた私の経験を踏まえながら、「参謀の思考法」を描き出すことができれば、現役世代の参考にしていただける部分もあるはずと考えた次第です。

参謀は「知的な戦略家」ではない

ただし、注意していただきたいことがあります。

「参謀」と聞くと、経営コンサルタントのような「知的な戦略家」をイメージするかもしれませんが、私の「参謀」のイメージはかなり異なります。むしろ、私は、昨今のビジネスの世界において、「参謀」の仕事のイメージが、「戦略立案」に偏りすぎているのではないかと懸念しています。

「参謀」とは、もともとは軍隊の中で生まれた役割で、『ブリタニカ国際百科事典』には、「軍の指揮官が用兵、作戦などの計画を立て、これを実行するにあたって軍の指揮官を補佐する将校」とあります。

つまり、参謀には、「用兵、作戦などの計画を立てる」すなわち「戦略立案」と、「戦略実行の補佐」という二つの役割があるということです。

そして、「戦略立案」と「実行」の二つはどちらも重要ですが、企業経営の現場で汗を流してきた私からすれば、より重要性が高いのは間違いなく「実行」です。なぜなら、どんなに優れた戦略でも、実行されなければ「絵に描いた餅」にすぎないからです。実行なき戦略は、「戦略」と呼ぶに値しないのです。


しかも、「実行」は「戦略立案」よりも難しい。

たしかに、戦略を考えるのは決して簡単なことではありませんが、しっかりと現状分析をして、ロジカルに考え抜けば、「答え」は必ず見えてくるものです。「SWOT分析」「コア・コンピタンス分析」など、そのために有効な思考ツールもたくさん開発されています。必要であれば、社外の経営コンサルタントの力を借りてもいいでしょう。

しかし、その戦略を「実行」しようとすると、そこには分厚い壁が立ちはだかります。会社は「生身の人間」の集まりであり、現場は、理屈だけでは説明できない無数の要素が複雑に絡み合っています。理路整然とした「戦略」を現場に落とし込もうとしても、思ったように実行されることなどありえないのです。

もちろん、経営サイドが「権力的」に戦略を押し付けても、現場は明確な反発を示さないかもしれません。しかし、一方的なやり方に反感をもった現場はサボタージュという形で反応するかもしれません。最悪の場合には、経営と現場の信頼関係が壊れてしまうこともありえます。「実行」には、そのようなきわめてデリケートな問題がつきまとうのです。

「参謀」の役割は、社内の人間にしか担えない

そもそも、組織はそうした問題を生み出す構造をもっているとも言えます。なぜなら、「戦略」を決定する意思決定者は、上位層になればなるほど、現場から遠くなるからです。理屈だけでは割り切れない現場の〝どうしようもない現実〟から遊離せざるを得ない運命にあると言ってもいいでしょう。そのため、上層部が立案する理路整然とした「戦略」は、現場の実情を踏まえない、単なる「机上の空論」に陥る危険性を常にはらんでいるのです。

とはいえ、現場に配慮することに終始した「戦略」にも意味はありません。「戦略」というものは、「現在」の延長線上につくるのではなく、「あるべき未来」から逆算（バックキャスティング）してつくられるべきものだからです。つまり、「戦略」とは、現状と非連続なものでなければならない、もっと言えば、現状否定の要素が含まれていなければならないのです。

ところが、現場というものは、現状を少しずつ改善（フォアキャスティング）していくものです。そのため、バックキャスティングで考える「戦略」は、必然的に現場からの抵抗を受けるものにならざるをえません。現場に配慮することに終始したとき、「戦略」は、その最も大切なものを失ってしまうのです。

だからこそ、「参謀」の存在が不可欠です。

現場に近い「立ち位置」にいて、現場と深いコミュニケーションができ、現場の〝どうしようもない現実〟を知り抜いている。しかも、自社の「あるべき未来」を追求するバックキャスティング思考の重要性も深く認識している。この二つの視点を備えた「参謀」がもたらす情報や提案は、現場から遊離した意思決定者が、「正しい戦略」をつくるために欠かすことができないものなのです。

実行の段階でも「参謀」の補佐が欠かせません。

「戦略」を実行する段階においては、現場の抵抗・反発は必至ですが、これを権力的に押さえ込もうとすれば、そこには必ず禍根《かこん》が残ります。だから、戦略意図を深く理解するとともに、現場の信頼を得ている参謀が、「理」と

「情」を尽くして、現場の理解と納得を得ていく〝泥臭い〟プロセスが不可欠なのです。

だから、私は、参謀を「知的な戦略家」というイメージで捉えるのを危惧しています。小難しい経営書を読んで、生半可《なまはんか》な「経営論」や「分析フレームワーク」を振り回すような人物は、現場の反発を食らうだけ。それでは参謀は務まらないのです。

そして、こうした参謀の役割を担えるのは、長年にわたって会社に勤めて、さまざまな部門と信頼関係を築いてきた人物にほかなりません。戦略立案は、外部のコンサルタントに頼ることができますが、「戦略実行の補佐」は、決して外部化できないものなのです。

企業の命運を握るビッグプロジェクトの「社長参謀」を任される

このような参謀の仕事は、なかなか難易度の高いものです。

それは、私自身、骨身に染みています。あれは1988年のこと。40代はじめで現場の課長職だった私に、突然、社長直属の秘書課長の辞令が出ました。秘書課長と言っても、庶務的な業務を担うのではありません。ちょうどその頃、ブリヂストンは、アメリカの名門企業・ファイアストンと事業提携を始めようとしており、社長の激務をサポートする〝特命スタッフ〟として白羽の矢がたったのです。

これは、ブリヂストンにとっては企業の命運を決するプロジェクトでした。タイヤは国際規格商品であるため、国境という「壁」がありません。〝Cut Throat Business〟（喉をかき切るビジネス）といわれるように、世界中のメーカーが〝食うか食われるか〟の熾烈《しれつ》な戦いを繰り広げる業界です。そして、〝食われる〟のは事業規模で劣る者。しかし、日本ではトップ企業ではありましたが、事業基盤が日本とアジア地域に偏っていたブリヂストンが、自力でグローバル市場を開拓する時間は残されていませんでした。

そこで注目したのが、当時、深刻な経営難に陥っていたファイアストンでした。世界中に拠点をもつファイアストンと事業提携することで、一気に世界シェアを高める戦略に出たのです。

反発の嵐の中に放り込まれる

ところが、私が秘書課長に着任した直後に、事態は急展開を遂げました。突如、イタリアに本拠を置く大手ピレリが、ファイアストン株式の公開買い付けを公表。ここでピレリにファイアストンをとられれば、ブリヂストンは窮地《きゅうち》に立たされる。そう判断した社長は、ほとんど瞬時にファイアストンの買収を決断。文字通り「勇猛果敢」な決断をくだしたのです。

買収金額は約3300億円。当時の日本企業としては最大規模の外国企業の買収で、「買収価格が高すぎる」「経営統合に成功できるのか」と、社内外で反発の嵐が吹き荒れました。

それも当然の反応ではありました。

1日1億円の赤字を出しているうえに、大規模リコールの後遺症で、ファイアストンの経営状況は最悪。通常のソロバン勘定では合わず、当社にグローバル人材が乏しかった状況からすれば、どうみたってリスクしかなかったのですから……。

しかし、この買収を成功させなければブリヂストンに未来はない。バックキャスティングで考えれば、この選択肢しかないのです。だから、社長は、反発を受けても頑として譲りませんでした。こうして、私は、社長の〝特命スタッフ〟として、大荒れの情勢の中に放り込まれることになったのです。

参謀とは「泥臭い仕事」である

生活は一変しました。ファイアストン買収プロジェクトはアメリカ時間で動くので、社長は毎日早朝出社となります。だから、私も毎日5時半出社で、会社を出るのは23時過ぎ。昼食をゆっくりとることもできず、仕事の隙間を見つけては、社員食堂に駆け込み、パパッとご飯をかき込んですぐに席に戻るという毎日でした。

私に求められたのは、社長の分身のような役割。社長に上がってくる案件のかなりのものは、いったん私のもとに届きます。そして、社長既読の文書は全部私のところに降りてきました。

毎日、何百枚もの書類にすべて目を通し、不明点や疑問点があれば関係部署に確認。場合によっては、書類の内容がより正確に伝わるように補足メモを付すなどして社長に上げます。社長から質問があったときには、その場で即答できなければ私の存在意義はありません。社長が最短の時間で最高の意思決定ができるようにサポートするのが私の役割だからです。

そして、社長の意思決定を受けて、それを関係部署に説明に回るのも私の役割。通り一遍の説明や、社長の威を借りたような態度では反感を買うだけで、心の底から納得してもらえませんから、「理」と「情」を尽くして対処しなければなりません。

トップと現場の円滑なコミュニケーションを実現する潤滑油のような役回りですから、地味で目立たない存在であることが基本。各部署が多忙を極めている中で、社長からの〝無理難題〟を受け入れてもらうために、気疲れを強いられたものです。ときには、面罵《めんば》されたことすらありました。そんな「泥臭い」生活が3年続きました。

参謀の最大の武器は、「現場に近い」ことである

能力はいつも無理やり広げられる——。

このときのことを思い返すと、そう思わざるをえません。自分の実力では対処しきれないような状況に置かれて、「なんとかしなければ」と尻に火がついてもがくなかで、能力は無理やり広げられる。それが、人間の成長というものだと思うのです。

私が、その後、ブリヂストンのタイ法人、ヨーロッパ法人、そして本社の

社長としての任務をまっとうすることができたのも、このときに鍛えられた能力に支えられていたからだと実感します。

ブリヂストン経営陣と全社員一体となった努力によって、長い年月はかかりましたが、ファイアストンの買収は成功。ブリヂストンが、フランスのミシュランを凌いで、世界トップシェアになる礎となりました。当時の社長の英断に改めて感嘆の念を覚えるとともに、微力ながら、私も、あの一大プロジェクトに貢献できたことに、深い喜びを感じます。

そして、いま思えば、社長が私に求めていたのは「参謀」としての役割でした。秘書課長の辞令を受けて、社長のもとに挨拶に行ったときに、社長はぶっきらぼうに、こんな言葉を私に投げかけました。

「お前はおとなしそうに見えるが、上席の者に対して、事実を曲げずにストレートにものを言う。俺が期待しているのはそこだ」

私の最大の武器は、現場に近いことでした。

だから、現場に足繁く通い、彼らの話に耳を傾けるとともに、現場の現実を肌身で感じ取りました。そして、社長の意に添わないことであっても、会社にとって必要なことであれば、言葉を選びながらも、臆《おく》せず進言しました。

社長も人間です。私のような若造が反論するのを聞いて、みるみる機嫌が悪くなることもありましたが、それでも、私の進言を受け入れて、方針を修正されることもありました。そして、徐々に、私の意見を求める機会が増えていったのです。

もちろん、当時の私には至らない点も多々あったはずです。

しかし、本書では、あのときの参謀としての実体験を踏まえつつ、そして、私が社長として頼りにした参謀たちのことを思い返しながら、私なりの「参謀の思考法」を描き出したいと思います。

「SWOT分析」「コア・コンピタンス分析」といった、思考ツールの話は一切出てきません。そのような「知識」を伝える書籍は、すでにたくさん刊行されています。それよりも、ビジネスの〝どうしようもない現実〟のなかで揉みに揉まれて、泥まみれになることによってしか身につけることができない、「見識」のようなものに迫れればと考えています。

いま世界は、「コロナ危機」に直面しています。

これは、私が経験したバブル崩壊やリーマンショックをもはるかに超える甚大な経済的ダメージと、既存の社会構造の破壊をグローバルに引き起こすでしょう。その状況下で危険なのは、「目の前の危機」にとらわれすぎること。こんなときこそ、肩の力を抜いて、気を確かにして、「危機の先」までも含めた「全体」を俯瞰する視点が欠かせません。そして、状況変化に対応しつつも、経営の「原理原則」を堅持することが重要です。

そのためには、困難な意思決定に直面する経営層を、冷静な視点でサポートする「参謀」が不可欠です。本書が、そんな参謀役のみなさまにヒントを提供できれば望外の喜びです。私も、いくつかの会社の経営に関わっていますが、危機状況を乗り切るとともに、「危機後」の日本経済を力強く発展させていくために、みなさまと力を合わせて頑張りたいと考えています。

荒川詔四

参謀の思考法◉目次

第2章 すべては「合目的的」に考える

第4章 「原理原則」を思考の軸とする

第5章 人間関係を「達観」する

［装　丁］奥定泰之
［編集協力］前田浩弥
［ＤＴＰ］ＮＯＡＨ
［校　正］小倉優子
［編　集］田中　泰

第1章
上司は「機関」と考える

従順であることは
「美徳」ではない。

01

上司の「不完全性」を補うのが、「参謀」の役割である

私は、ブリヂストンのタイ法人、ヨーロッパ法人、そして本社の社長を歴任しましたが、その間、常に「参謀」を求めていました。もちろん、社長参謀の専任職などありませんでしたから、ここで言う「参謀」とは、私が心の中でそう位置付けている存在。迷ったときや困ったときに、陰に陽にサポートしてもらえる存在を探していたということです。

なぜ、そのような存在を求めたかと言えば、その理由はシンプルで、私が不完全な人間だからです。社長になったからと言って、突然、完全な人間になれるわけではありません。相変わらず不完全なまま、社長としての職責を果たすためには、自分の能力の限界を補ってくれる「参謀」の助けが必要だと思ったのです。

なかには、組織の中で地位が上がると、「自分は人より優れている」と勘違いして、

「部下」に対して尊大な態度を取り始める人がいますが、それは、ひどくみっともないことだと思います。

そもそも、組織における出世などいい加減なものです。ほとんどが、たまたまそうなっただけ。たまたま、自分の直属の上司が出世したから、それに引っ張られて自分も出世した。たまたま、年次的に適任者がいなかったからお鉢が回ってきた。そんなものです。

私自身がそうです。社長に任命されましたが、冷静になって周囲を見渡してみれば、私が頭抜けた能力をもっていたわけではないのは明らかでした。社内のさまざまな力学が働いて、たまたま私が社長になっただけのこと。にもかかわらず、「自分は優れている」などと思い上がるのは、自分を辱《はずかし》めるだけのことだと思っていました。

それに、私は、これまで世界中のビジネスパーソンと接してきましたが、人間の能力に大差はないと確信しています。なかには、思わず舌を巻くような、頭抜けた能力の持ち主もいますが、それはレア・ケース。私を含めた大多数は、みんなドングリの背比べなのです。

もちろん、私は社長になるまでに、数多くの現場で経験を積み、必要な知識を吸収し、経営に関する見識を深めてきた自負はあります。しかし、所詮、ひとりの人間の能力などたかが知れています。だから、社長として間違った判断をしないためには、自らの能力の限界を謙虚に認めたうえで、部下を含む他者から学ぶ以外に「道」はないと思ったのです。

「なぜ?」と考え続ける人だけが、参謀へと成長する

ただし、単なる「部下」は、「参謀」ではありえません。

なぜなら、「部下」とは、本来、「組織などで、ある人の下に属し、その指示・命令で行動する人」(『大辞泉』小学館)という意味だからです。

組織人として「上司の指示・命令で行動する」ことは必須ですが、ただ単に「指示・命令」に従順であることと、「指示・命令」の意図や背景までを理解したうえで行動することの間には、天地ほどの差があります。前者は受動的に動いているだけで

すが、後者は自分の頭で考えようとする主体性があるからです。そして、「参謀」になりうるのは、どんなことでも自分の頭で考えようとする人物なのです。

このような人物は、ときに扱いづらいものです。「指示・命令」の意図や背景に納得したときには、おおいに力を発揮してくれますが、納得できないときには抵抗勢力になりかねないからです。しかし、それくらいでいいのです。むしろ、そのような人物から、「なぜ、そんな指示・命令を出すのか？」と問われ、「その指示・命令には、このような問題がある」と指摘されるからこそ、上司は、新たな視点を与えられて、思考を深めることができるのです。

もちろん、若い頃は、視野が狭く、独りよがりな思考に陥りがちかもしれません。的外れなことを主張してしまうこともあるでしょう。しかし、何事についても、「なぜ？」と自分の頭で真摯に考え続ける人は、徐々に視野を広げ、思考を深めていきます。そのような人物こそが、参謀へと成長していくのです。

あるいは、運悪く、従順な部下を取り巻きにしているような人物の下に配属されたら、自分の頭で考えようとする人は苦労するかもしれません。しかし、私にすれば、そのような上司は、「上司として不適格」なだけであり、取り巻き連中は〝烏合の衆〟にしか見えません。

そのような集団に順応するために、自分の頭で考えることをやめてはなりません。面従腹背を強いられるかもしれませんが、そんな経験も参謀としての足腰を鍛えてくれるはずです。「自分の頭で考える」ことは、ときにリスクになります。しかし、参謀にとって、従順であることは「美徳」ではないのです。

「自分の頭で考える」ことは、ときにリスクとなる

そういえば、私も、ブリヂストン入社早々に〝洗礼〟を受けたことがあります。

新入社員研修の一環で行われた工場見学での出来事です。工場に到着すると、敷地は広く、外からはいかにも立派な大工場に見えました。しかし、「すごいなぁ」と思いつつ中に入ると、「なんだこれは？」とあっけにとられました。工場床面積に対し

て製造機械の据え付けられている面積があまりに少ないのです。

案内してくれた担当者に、「工場の中で、機械が据え付けられている面積は全体のどれほどですか？」と質問をすると、「17％くらい」と教えてくれました。そして、残り83％の空間が何に使われてるのだろうと思って観察すると、ほとんどの場所に、次の工程に送られるのを待つゴムの山、つまり「中間製品」が積まれていたのです。

「なぜ、こんなに中間製品が積まれているのだろう？　これを減らせば、製造機械を増やして、タイヤを増産できるはず。生産ラインが非効率なのでは？」

そう考えた私は、原材料を機械に投入してからタイヤが完成するまでに、どれくらいの時間がかかるのかが気になって、各工程の担当者にそれぞれ所要時間を聞いてみました。すると、すべてを足しても、1時間にもなりません。しかし、実際には、24時間以上もかかると言うのです。「おかしいな……。なぜ、こんなことをしてるんだろう？」。そんな疑問を抱えながら、工場見学を終えました。

絶対に自分を殺してはならない

その後、座学の研修を受けたのち、新入社員が感想を述べることになりました。周りの同期たちは「初めて工場を見学させていただいて、タイヤってこうやってできているんだと知ってワクワクしました」「現場のみなさんも頑張っていて、感動しました」などと、当たり障りのないことを話していました。

しかし、司会の工場幹部は、「工場見学を終えて、新入社員の君たちの率直な意見を聞きたい」とおっしゃっていたのです。だから、私は、さきほどの疑問をストレートにぶつけてみました。「率直な意見」を求められたから、そうしたつもりでした。

ところが、笑顔だった工場幹部の顔色がみるみる険しくなっていきました。そして、大激怒。「バカ野郎！　お前、新入社員のくせに何言ってるんだ！　お前は何もわかってねぇんだ。タイヤ工場とはこういうものだよ。いろいろと理由があるんだよ！」と、ものすごい剣幕で怒鳴りつけられたのです。

あまりの剣幕にあっけにとられました。「率直な意見を聞きたいんじゃなかったのか？」と不満に思いながらも、「入社早々、まずいことになったな……」とイヤな汗が出てきたのを覚えています。今となれば笑い話ですが、「自分の頭で考えることにはリスクがある」という真理を学ぶ〝洗礼〟のような体験でした。ただ、その直後に嬉しいこともありました。

研修が終わって、工場を立ち去ろうとしていたときに、課長職だった方が私を呼び止め、こう声をかけてくれたのです。

「新入社員であそこまで気づけるのはすごい。実際のところ、それが問題なんだよな。よく考えているね」

私は今でもこの言葉を忘れることができません。自分の頭で考えて、「私はこう思う」と主張すれば、応援してくれる人もいる。そのことに気づかせてもらえた、幸せな経験でもあったのです。

それに、その後、私を怒鳴った工場幹部の気持ちもよくわかるようになりました。業務経験を重ねるなかで、工場現場が抱えている〝どうしようもない現実〟を知るようになったからです。

新入社員の私でも気づくくらいですから、工場現場でも生産ラインにさまざまな問題があることは当然わかっていました。工場幹部は、それをなんとか解決しようと、日々、問題と格闘していたのです。しかし、なかなか思うようにはいかない。その難しさ、その苛立ちを知りもしない若造に、生意気なことを言われたら、腹が立つのも当然のことだったのです。

ともあれ、私の仕事人生はこうして始まりました。

小恥ずかしい思い出ですが、私にとっては「原点」とも言える出来事のひとつです。なぜなら、その後も私は、腹の底から納得できるまで、自分の頭で考えることを徹底してきたからです。そして、納得できないときには、率直にそれを伝えました。そうせずにはいられませんでした。会社に雇われている身ではありましたが、だからと言って自分を殺すようなことはしたくなかったからです。

そのため、ときに「バカ」と言われたこともあります。

会議室で吊し上げのような目にあったこともあります。

しかし、だからこそ、「お前はおとなしそうに見えるが、上席の者に対して、事実を曲げずにストレートにものを言う。俺が期待しているのはそこだ」と評価され、社長の参謀役を務めるチャンスにも恵まれたのです。

リーダーの「先」を行くのが参謀である。

02

リーダーの後ろをついていく「フォロワー」ではない

先頭に立つリーダーを「黒子」になって支えるのが参謀の役割です。

これに異論を唱える人はいないと思いますが、実は、ここで注意しなければならないことがあります。先頭に立つのはリーダーだからといって、参謀は、その後ろをついていけばいいわけではないからです。

むしろ逆です。リーダーの「先回り」をしなければ、参謀の役割は果たせません。リーダーの進む方向を見極めて、リーダーが最速で進めるように、「先回り」して準備できなければならない。まさに、歌舞伎の「黒子」のように動くのが参謀の仕事なのです。

私は、このことを社長直下の秘書課長時代に叩き込まれました。

その社長は、きわめて厳格に自分を律する人物でした。私が秘書課長に任命されたとき、「秘書は、365日24時間勤務だからな」と釘をさされたのですが、これは、単に年中時間的に縛られるという意味だけではなく、社長自身がそういう仕事との向き合い方をしているということでした。「いつ寝ているのだろう?」と思うくらい、常に稼働している。そんな人物に参謀と認められるのは、実にたいへんなことでした。

しかも、社長はきわめて優秀なビジネスマンでした。常に「先の先の先」まで見通している。将棋の素人は2手先、3手先を読むのも一苦労ですが、プロの棋士は何十手も先を読むといいます。それに近いかもしれません。

その社長は、仕事において「ある状況」が生じたときに、社内外にどのような影響が及ぶかを瞬時に、かつ緻密にイメージしていました。そして、影響が及ぶ関係者に対する「打ち手」を検討。物事をスムーズに進めるために、常に「先回り」をしていたのです。

しかし、私にいちいち細かい指示などはしてくれません。

当然のことです。社長は、ファイアストンの買収という重要案件のみならず、会社のあらゆる問題について意思決定するために、365日24時間深く深く考え続けているのですから、私に細かい指示をする時間など無駄。そんなことに社長の「脳」を使わせてはいけないのです。

ところが、秘書課長になった当初の私は〝将棋の素人〟に近かったですから、社長から「あれはどうなった？」「この件の会議はいつだ？」と質問が飛び、「何のことでしょうか……」とキョトンとしてしまうことが多かった。もちろん、社長は機嫌を損ねます。厳しい言葉を投げつけられたことも一度や二度ではありませんでした。

「参謀」にとって、挨拶は武器である

これには鍛えられました。365日24時間フル稼働して、先の先を読んで行動する上司に貢献するためには、上司のさらに「先」をいかなければならない。指示される仕事をこなしたところで、「プラス・マイナス・ゼロ」の評価にしかなりません。「あれはどうなった？」などと聞かれようものなら、「お前は仕事をしていない」「役

に立っていない」ということ。だから、否応なしに、「もっと先を読んで、しかるべき手を打っていかなければ……」という意識を植え付けられたのです。

私が第一に心がけたのは、実にプリミティブなことでした。

社長が出社して一息入れた頃合いを見計らって、長くても1分足らずの挨拶に伺うことを習慣にしたのです。挨拶を侮ってはなりません。これを率先して行うことによる、社長との「距離感」と「時差」を縮める効果は絶大です。

それまでの上司は目の前に座っていましたが、大組織トップの社長室は〝奥の間〟ですから、物理的にも感覚的にも距離感が全然違います。しかも、社長は威圧感のある人物でしたから、近寄りがたい。こちらから「先手」を打って近づかなければ、どんどん距離は広がる一方です。

こんなときには「挨拶」こそが武器になります。にこやかに「挨拶」をして腹を立てる人はいませんから、毎日それを続けることによって、自然と距離が近づいていくのです。

もちろん、社長との間にはホットラインが繋がっていますから、社長はいつでも私を呼びつけることはできます。しかし、それは「待ち」「後追い」の姿勢であって、私が「先手」を打った場合と比べて「時差」が生じてしまいます。

だから、1日の仕事のスタート時に挨拶に伺うときに、社長に確認・質問すべきことを用意しておく。何もなければ、その日の重要案件を確認する。そのようなコミュニケーションを取っておけば、社長から、その場で重要な指示をされるようになります。それだけでも、「先回り」することになるわけです。

しかも、このような姿勢を示すことが、「信頼」にも繋がります。これは後日談ですが、ある役員が「荒川は、朝一に必ず挨拶に来る。前向きなヤツだな」と社長が言っていたぞ、と教えてくれました。朝一番の挨拶は、絶大な威力を発揮するのです。

リーダーの「脳」と自分の「脳」を同期させる

次に徹底したのは、社長に上がってくる決裁文書の精査です。

決裁文書のかなりのものは、いったん私のもとに届きます。ここで、私に求められているのは、その決裁文書に、社長が意思決定できるだけの情報が過不足なく盛り込まれているかを確認することです。社長が最短の時間で最高の意思決定ができるようにサポートするのが私の役割だからです。

プロジェクトの提案であれば、そのリスクやその他関連情報など、社長が気になるであろうと思える、さまざまな観点から決裁文書をチェック。不明点や不足点があれば、出来る限り電話で済ますのではなく、担当部署に足を運んで情報を聞き出しました。そのほうが、現場との関係が深まりますし、きめ細かいコミュニケーションができるからです。

そして、意思決定できるだけの情報を補充したうえで、社長に上げます。

ところが、万全を期したつもりでも、社長に呼ばれて「これは、どういう意味だ？」「このデータはないのか？」などと質問を受けます。それに即答できなければ、決裁文書は突き戻されます。「これでは意思決定できない」ということで、私の仕事が至らなかったということです。また、それ以外の文書については、承諾・非承諾のサインが付されたり、時には何か理由があって、一部分に「△」や「?」のマークが付されたりした状態で、すべて私のもとに降りてきます。

そのすべてが勉強になりました。このプロセスを毎日のように繰り返すことで、「社長が意思決定するために必要な情報は何か?」「社長はどういう観点で意思決定をしているか?」といったことが、少しずつ把握できるようになっていくのです。社長の「脳」と、私の「脳」が同期し始めると言ってもいいかもしれません。

しかも、社長のもとには全社から情報が上がってきますから、このプロセスによって、自然と社内全体の生々しい動きも手に取るようにわかってきます。そのすべてを社長に報告するわけではないので、細かい現場の動きについては、だんだん社長よりも私のほうが詳しくなっていくわけです。

リーダーの「先回り」をして、準備を整える

これが、私の武器になりました。

たとえば、ファイアストンとの交渉過程とＰＭＩ（経営統合）過程において、なんらかの問題が浮上したら、私がストックしている現場の情報のなかから、社長の意思決定に役立つものを即座に提供することができます。

あるいは、即座に関係部署を特定して、最新情報の収集に走ることもできます。社内調整のために必要と考えて、関係役員との会議のセッティングを進言したこともありました。

社長の「脳」と同期していれば、社長が進もうとしている方向をかなりの確率で察することができます。社長の指示を待つまでもなく、「先回り」することができるようになるのです。

もちろん、完璧な対応ができたわけではありませんが、私が「先回り」をして用意したレールを進みながら、的確な意思決定を迅速に下されたときには、参謀として腕が上がったように感じたものです。

社長（リーダー）の最重要任務は「意思決定」です。

つまり、社長を最大限にサポートするためには、参謀が、意思決定に必要な材料をすべて揃えて提示する必要があるということ。リーダーの後ろをくっついていく単なるフォロワーでは、参謀役を務めることはできないのです。

上司を「人」ではなく、「機関」と考える。

03

「相性のいい上司」に恵まれることはないと考えておく

私たちは、上司を選ぶことはできません。

組織の人事は、さまざまな力学が働いて動いていますから、たとえ希望を伝える機会があったとしても、それが考慮される余地などほとんどありません。与えられた環境のなかで、結果を出していくほかないのが組織人の定め。これに異論のある人はいないと思います。

言い換えると、相性のいい上司に恵まれることは、ほとんどないということ。

それが現実です。

ありがたいことに、私は、おおむねよい上司に恵まれてきましたので、そのことに非常に感謝していますが、それでも「これはやりにくい」と思うことはありました。

私は元来、決して社交的なタイプではありませんでしたから、上司に限らず、他者との関係性には人一倍気をつかってきたのです。

特に、職位が上がれば上がるほど、難しい側面があるのが現実です。「地位は人をつくる」と言われますが、私はかなり疑わしい言葉だと考えています。私を含めて、人間というものは愚かなもので、その地位にふさわしい人間に成長していくというよりは、その地位に就いたのは「自分が優れているからだ」と勘違いして横柄《おうへい》な態度を取ってしまうのが普通。「地位は〝ダメな人〟をつくる」というほうが真実に近いのです。

むしろ、そのような人間の愚かさを自覚して、自らを律することができる人だけが本物のリーダーになれるのでしょう。

私が仕えた社長は、そういう人物でした。彼は、私が秘書課長に任命されたときに、「お前はおとなしそうに見えるが、上席の者に対して、事実を曲げずにストレートにものを言う。俺が期待しているのはそこだ」と言いましたが、そのときに、こう付け加えたのです。

「誰でも、社長になったとたんに裸の王様になる。俺も、すでにそうなってると思うが、それはとても恐いことだ」

つまり、彼は「人間の愚かさ」を自覚し、自らがそこに陥るのを恐れていたということ。このような自己認識をもたれていた一点だけでも、私は立派な人物だったと思っています。

「ネガティブ感情」は、そのまま放置しておけばいい

ともあれ、相性がよい上司などまずいないと考えておいたほうがいい。

そして、上司との相性が悪いと、誰だってストレスになります。ましてや、〝裸の王様〟になって横柄な態度を取るような上司を相手にすると、精神的な苦痛を味わわされることになります。どうしても、上司に対する「ネガティブ感情」がわいてくる

のです。

私は、それは仕方のないことだと思います。自然とわいてくる感情なのですから、無理やり押し殺すこともできません。ただし、その感情に振り回されているようでは、とても「参謀」は務まりません。その感情はそのまま脇に置いておいて、仕事に向き合っていくほかありません。

そもそも、会社というものはゲマインシャフト（家族や村落など感情的な結びつきを基盤にした集団）ではなく、ゲゼルシャフト（目的達成のために作為的につくりあげた集団）です。もともと感情的な結びつきをベースに集まった集団ではないのですから、そのような場所で「相性」の問題を持ち出すこと自体がふさわしくない。それよりも、目的達成に集中すべきなのです。

上司を「人」ではなく、「機関」と考える

だから、私は、上司を「人」として見るのではなく、「機関」として見るようにし

ていました。

「人」だと思うから、相性が合わないと、さまざまな「ネガティブ感情」に苦しめられるのです。しかし、その上司は、事業目的を達成するために組織された会社のひとつの「機関」なのだと捉えればどうでしょう？

「好き」「嫌い」など関係なく、その「機関」を最大限に機能するようにサポートするのが自分の役割だと認識できます。そして、自分の遂行すべき仕事に集中できるようになるのです。会社は、目的達成のために作為的につくり上げたゲゼルシャフトです。そこでの行動指針は、どこまでも「合目的的」であることに尽きるのです。


こう言うと、誤解する方がいます。

上司を「人」として見ないというのは、いかにも非人間的な感覚ではないか、と。

しかし、話は逆です。なぜなら、上司を「機関」とみなして、その「機関」を最大限に動かすためには、相手を理解しようと努め、相手の気持ちに寄り添いながら、こちらが言動を律していく必要があるからです。温かい心を養わなければ、上司という

「機関」を動かすことなど不可能なのです。

イギリスの有名な経済学者であるアルフレッド・マーシャルは、経済学者には「冷静な頭脳と温かい心(Cool Head but Warm Heart)」が欠かせないと述べたそうですが、まさにこれです。参謀としての役割を果たすためには、“Cool Head but Warm Heart”が欠かせないのです。

上司に下手に「可愛がられる」のは、大きなリスクである

逆に言えば、上司に可愛がられる必要などないと言えます。

もちろん、上司に嫌われては参謀は務まりません。しかし、意図的に好かれようとする必要など毛頭ありません。“Cool Head but Warm Heart”で、上司という「機関」をきちんと機能させることができれば、どんなに問題のある上司であっても、あなたに一目置くようになります。自然と、それなりの関係性が生まれてくるのです。

むしろ、下手に可愛がられるのは大きなリスクです。

なかには、上司の言うことに追従し、聞こえのいいことばかりを言う、いわゆる〝YESマン〟、あるいはそれ以上の〝ゴマスリ〟として生き残ろうとするサラリーマンがいます。言い方は悪いかもしれませんが、〝普通のサラリーマン〟なら分からぬでもありませんが、参謀としては「下の下」。許されないと言ってもいいでしょう。

なぜなら、〝裸の王様〟である上司に対して、「すばらしいお召し物ですね」と積極的に嘘をついているにほかならないからです。その結果、上司がその「機能」を果たせなくなるとすれば、それは「罪」と言っても過言ではないのです。

一流の「カバン持ち」であれ。

04

「カバン持ち」は雑用ではない

「社長直属のスタッフになって、社長の〝カバン持ち〟なんて雑用をやっているのか。平社員と変わらないな」

かつて、秘書課長だった頃、口の悪い同僚からこんなふうにからかわれたことがあります。「カバン持ち」とは比喩ではありません。当時、私は、世界中を飛び回っている社長に常時随伴《ずいはん》していましたが、実際に、社長のカバンをすべて背負っていましたから、文字通り「カバン持ち」だったのです。

ただし、私はそれを「雑用」だとは考えていませんでした。

社長は、「自分で持つ」と言いますが、「いや、ダメです。私が持ちます」となかば強引に「カバン持ち」をしていました。というのは、当時、ファイアストンを買収完了した直後で、ＰＭＩ（経営統合）に向けて社長は日々、世界中に点在するファイアストンの事業所を視察しつつ、多数の重大な意思決定をする必要があったからです。

ファイアストンの買収金額は約３３００億円。それは、当時、日本企業として最高額の外資系企業の買収でしたから、ブリヂストン社内はもとより、そのような巨額買収を経験した人物は国内にいません。すべて自らの頭で考えながら、手探りで一歩ずつ進んでいくほかない状態でした。

しかも、買収手続きは完了したとは言え、ここからが本当の勝負どころ。ファイアストンの買収とＰＭＩ（経営統合）に20年にわたって関わってきた経験から言っても、Ｍ＆Ａは、買収完了までが「２」とすると、そのあとのＰＭＩが「８」。買収時の決断、作業もたいへんなものでしたが、買収後に、それをはるかに上回る、ものすごい量のきわめて困難な課題が次々に出て来るわけです。

社長が重要案件について、「深い思考」を続ける環境をつくる

さらに、当時は、日本を不公正貿易国とする「スーパー３０１条」適用国にするなど、日米貿易摩擦の真っ只中。タイヤ業界は摩擦対象分野ではありませんでしたが、

それでも、日本企業が、ＧＥやフォードと並ぶアメリカの超名門企業だったファイアストンを買収することに、アメリカ国内では強い感情的な反発がありました。

実際、あるアメリカ企業のＣＥＯから、「日本企業がアメリカの名門企業を買収したからといって、すぐに俺の会社と取引できると思うな」と暴言を吐かれたこともあります。それほど、社長の一挙手一投足に、細心の注意が求められる状況に置かれていたのです。

そのような状況のなか、万一、社長の意思決定にわずかでも誤りが生じれば影響は甚大。だから、社長には、日常のオフィスでも出張中でも、それこそ365日24時間、常時、些事《さじ》に惑わされることなく、正しい意思決定に向けて深い思考を続けていただく必要があると、私は考えました。だからこそ、「カバン持ち」を買って出たのです。

出張の移動中も、社長には思考に全勢力を投入してほしい。しかし、大きな荷物を抱えていれば、それがストレスになって思考力は鈍ります。しかも、もしも出張先で、社長自ら重いカバンを持ったばかりに転んでケガをして、現地で2～3日入院……などということになったら一大事です。

また、飛行機の貨物室に預けると、荷物の待ち時間という「無駄」が生じます。そこで、当時は、まだ機内への荷物持ち込みの規制が緩かったこともあり、私が、社長の荷物と自分の荷物を機内に持ち込んでいました。二人分の荷物ですから、「カバン持ち」というよりも、「カバン背負い」のような格好だったと思います。

秀吉はなぜ、信長の「草履」を温めたのか？

「カバン持ち」とは、蔑視《べっし》を含んだ表現です。

実用日本語表現辞典にも、「上司の鞄を持って随伴する人、転じて上役にいつも付き従っている人を指す蔑視を含んだ表現」と書かれています。しかし、単に「上役に付き従っている」だけの人であるかどうかは、その人の内面にあるモチベーションによって判断すべきことであり、私は、上役を「機能」させるためには、「カバン持ち」も厭《いと》わない人でなければ、参謀にはなれないと考えています。

あの豊臣秀吉もそうです。

豊臣秀吉の出世にまつわるエピソードに、「織田信長の草履を懐で温めていた」という話があります。

秀吉は十代の頃、雑用係として信長に仕えていましたが、その主な仕事は草履取り（主人の草履を常に持ち歩き、外出の際、主人の足元にさっと出す役割）だったそうです。ある寒い日のこと、外出しようとする信長の足元にさっと出てきた草履が生温かい。怪訝《けげん》に思った信長が「さては草履を尻に敷いておったな」と秀吉を問い詰めると、秀吉は答えます。「殿のお足が冷えぬようにと、懐で温めておりました」。

この秀吉の行動に信長は感激し、以後、秀吉は信長の信頼を得るようになったという話です。

真偽はさておき、この話は、「人たらしの秀吉」が、「信長のご機嫌を取り、出世への足がかりをつかんだエピソード」として語られますが、私の見方は少し違います。

数々の歴史書を私なりに読み解けば、信長はかなり合理的な人物。そんな信長が、単なる「ご機嫌取り」にほだされたとは考えにくい。また、のちに天下人となる秀吉も、単なる「ご機嫌取り」に終始するような人物であろうはずもなく、外の寒さによって信長の思考が鈍ったり、行動のスピードが落ちるリスクを回避するために、草履を温めていたと考えるほうが自然ではないかと思うのです。

つまり、秀吉は、信長を「殿」として最大限に機能させようとしていた。周囲の人間は、秀吉の行動を「ご機嫌取り」として見たかもしれませんが、合理的な信長は、彼らとは違って、秀吉の「知性」を見抜き、参謀として重用するようになっていったのではないでしょうか？

社長に「無駄なエネルギー」を使わせない

私は、そういう考えでいましたから、物理的にもかなり重い「カバン持ち」は、肉体的には少々つらかったですが、精神的にはまったく苦ではありませんでした。

上司という「機関」を最大限に機能させることが、自分の任務だと考えていたからです。むしろ、秘書課長としてのあらゆる仕事は、一貫して「カバン持ち」と同じモチベーションに基づいて行ったと自負しています。

先ほども書いたとおり、あのとき、会社の命運を分ける一大プロジェクトの渦中にありましたから、社長の意思決定のスピードと精度を最大限に高める必要がありました。そのためには、社長が些事に頭を使うことを最小限にとどめ、重大事項にのみ集中してもらわなければなりません。

だからこそ、私は、日々、社内から上がってくる起案書のすべてに目を通し、通常の案件については、社長が即座に意思決定できるように、情報の不備を補うほか、私なりに対応策とその根拠を伝えるように徹底しました。その提案に説得力があれば、社長は「それでいい」と即座に意思決定ができます。できるだけ、通常の案件で、社長のエネルギーを使わせないようにしたわけです。

あるいは、重要な案件について、社長がなんらかの意思決定をしたときには、その先に起こることを「先読み」して、取締役会の開催、関係役員とのミーティング、社内への告知文の作成などを社長に提案。こうした環境整備を私が率先して提案することで、社長には、その意思決定の、さらに「その先」の意思決定に向けて思考を集中してもらうことができます。

格好いい仕事をする前に、一流の「カバン持ち」になれ

さらに、重要な意思決定は、ときに社内に軋轢《あつれき》をもたらすことがありますが、その軋轢を最小化できるように、私が、関係各所を駆け回って、丁寧にコミュニケーションをとることで理解をとりつけていくことも重要です。

もしも、反発が表面化すれば、社長自らが多大なエネルギーを使って対処する必要がありますが、それは、社長の対外的な意思決定に向ける思考力を大幅に削ぐ結果を招くからです。

逆に、私に任せておけば、社内の反発を最小限に抑えることができると、社長に安心してもらうことが重要。その安心感があれば、社長はいったん下した意思決定について思い煩《わずら》うことなく、次のテーマに集中しやすくなるからです。

このように、秘書課長だった私は、社長が重要な意思決定に全精力を投入できるようにすることで、社長という「機関」が最大限に機能することをめざしました。そのためにやったことはさまざまですが、どれも、根本にあるのは、出張時に社長の「カバン持ち」をしたのと同じモチベーションなのです。

参謀は、上司に対して戦略的なアドバイスをするようなイメージを持つ人が多いと思いますが、それは、参謀に求められる仕事の一部に過ぎないと言えます。それ以前に、上司を「機関」として機能させるために、「カバン持ち」の精神で仕事に向き合うスタンスを徹底しなければ、参謀としての信頼を得ることは難しいでしょう。格好いい仕事をしようとする前に、「カバン持ち」ができるようにならなければ、参謀として認めてはもらえないのです。

ただ、私が、「カバン持ち」で思わぬ失敗をしたことも、正直に白状しておかなければなりません。

あれは、社長に随伴したシカゴ出張でのことです。空港に到着すると、私は例によって、社長の荷物をすべて持ちました。ところが、社長が、税関で煩わしいチェックを受ける手間が省けるはずだったのですが、これが完全に裏目に出てしまいました。手ぶらで入国しようとする社長を「かえって怪しい」と睨《にら》んだ税関の職員は、社長を別室に連行して、執拗《しつよう》に尋問《じんもん》をしたのです。

社長に無駄な時間を使わせたうえに、尋問というストレスまで与えてしまったわけで、参謀としては大失敗。別室から出てきた社長に、詫びを伝えようと近づくと、こう言われました。

「まいったよ。ビジネス・ミーティングでシカゴに来たと言ったんだけど、『なんでお前は着替えも持っていないんだ？　おかしいだろう』とさんざん責められた。これからは手荷物のひとつくらいは持っていないとダメだな」

そして、愉快そうにカラカラと笑いました。その社長の笑顔を、今もよく覚えています。実に懐かしい笑い話です。

第2章
すべては「合目的的」に考える

上司とは異なる「自律性」を堅持する。

05

「仕事のスタイル」は、とことん上司に合わせる

参謀は「脇役」です。

意思決定権をもつ「主役」は、あくまでも上司。上司の「機能」を最大化するためにサポートする参謀は、徹底的に目立たない「脇役」であり続けなければなりません。なかには、自らの秘めた意図を実現するために、上司をコントロールしようと試みる人もいるかもしれませんが、それは参謀のあるべき姿ではないと思います。あくまで、上司が実現しようとしている目的を深く理解し、それに忠実に行動するのが参謀のあるべき姿。組織を率いる「旗」を掲げるのは、上司以外にはありえないのです。

仕事のスタイルも上司に合わせるのが当然です。

たとえば、上司がせっかちなタイプであれば、対面でのコミュニケーションも最短距離で終わらせるべきですし、資料も要点だけに絞った簡潔なものにすべきでしょう。

逆に、じっくりとコミュニケーションを取ることを好むリーダーであれば、それに合った対応をする必要があります。上司が「主」であり、参謀は「従」であるという位置付けを厳守しなければ、両者の関係性を維持するのは困難です。

あるいは、意思決定に必要な「情報」も、上司のタイプによって異なります。論理性を重視する上司であれば、詳細にわたるデータを用意する必要があるでしょうし、社内の融和《ゆうわ》を重視する上司であれば、現場の情報を生々しく伝えられるように準備する必要があるでしょう。

このような、上司の個性に合わせた「さじ加減」ができなければ、「情報が足りない」と判断され、結果として、上司が即断即決するのを阻害することになってしまいます。上司という「機関」を機能させるためには、上司の〝作法〟に合わせるのが合理的なのです。

「何が正しいのか？」を自分の頭で考える

ただし、だからと言って、参謀が「自律性」を放棄していいわけではありません。むしろ、「自律性」を失った参謀は、その一点だけで「参謀失格」と言わなければなりません。なぜなら、完全な上司などこの世には存在しないからです。上司の不完全性を補うのが参謀の最重要任務だとすれば、参謀は、上司とは独立した思考力・判断力をもつ「自律した存在」でなければならないのは自明のことでしょう。

これは、秘書課長時代に、私が社長に求められたことの「本質」でもあります。

社長は、「お前はおとなしそうに見えるが、上席の者に対して、事実を曲げずにストレートにものを言う。俺が期待しているのはそこだ」と言いましたが、その含意《がんい》は、「お前の自律性に期待している」ということだったのだと、いまは考えているのです。

実際、こんなことがありました。

ファイアストンの買収交渉での一幕です。ある「法的拘束力」のある契約の取り扱いをめぐって、社長との間に緊張が走ったことがあります。

これだけ大きなプロジェクトであれば、非常に多くの「法的拘束力」のある契約を結ぶ必要がありましたが、そのなかでも特に、問題になった契約は非常にデリケートな内容を含んでいました。万一、その情報が社外に漏れてしまえば、相手との守秘義務契約違反になるうえに、株価に大きな影響を与えかねません。

ところが、一般的にそうですが、ブリヂストンの社内規定でも、「法的拘束力のある重要な契約」を結ぶ際には、必ず取締役会の承認を得ることと定められています。当時、二十数名いた取締役会で、案件の詳細を示す必要があるわけで、それは情報漏洩のリスクを冒すことにほかならなかったのです。

「秘密裏に進めるほかないか……」

これが、社長の判断でした。その気持ちはよく理解できました。情報漏洩のリスクはあまりにも大きい。しかも、ファイアストンの買収自体はすでに取締役会の承認を受けており、その契約自体は、このプロジェクトを進めるための数々の施策の一つに過ぎない。したがって、その承認のなかに含まれていると解釈できなくもない……。

しかし、私は「その判断は間違っている」と思いました。

今回の契約を取締役会にかけないで進める方法は「黒」とまでは言えないにしても、絶対に「白」ではない。「グレー」の判断なのです。ここは、1ミリの隙も無く手堅く進めた方がよいと考えました。

契約の締結までは「秘密裏」に進めることができたとしても、あとでそれが公になると、社内外にいらぬ混乱を招き、不信感をもたれることになります。そんな危ない橋を、社長に渡らせるわけにはいかない。ルール（手続き）を遵守《じゅんしゅ》するのはビジネスの原理原則。その原理原則を曲げないのが、最もリスクの少ない「正しい選択」だと考えたのです。

上司との「対立」に陥らないために必要なことは何か？

そこで、私は静かに反対意見を述べました。

しかし、社長も引き下がらない。

「お前に言われなくても、そんなことはわかっている。それを踏まえたうえで何とかならないかと言ってるんだ」

私を睨みつけながら、いつになく激しい口調でまくし立てました。すごい迫力です。思わずひるみそうになりました。

しかし、この一線を譲ったら、結果として、社長を貶《おとし》めることになりかねない……。ただ、社長と対立しても始まらない。必要なのはアイデアです。社長が恐れているのは「情報漏洩」。そのリスクを最小化できれば、社長は取締役会の開催に反対する理由はなくなるからです。

1分ほど気づまりな沈黙が続いたころ、ハッとひらめきました。

思いついた作戦はこうです。通常、取締役会では、基本的にすべて資料ベースで個人配布。メモはもちろん無制限ですが、今回は、取締役会でのメモは一切禁止。大事な資料は紙で配るのではなく、すべてプロジェクターで画面に映すだけ。配らざるをえない資料も一部あるが、それも会議終了後すべて回収する。それでも情報漏洩のリスクはありますが、詳細の数字・情報のすべてを短時間に記憶するのは不可能ですから、そのリスクを最小化することができる、と考えたのです。

私のアイデアを聞いた社長は、しばらくの間、一点を凝視しながら考えを巡らせていました。そして、一言だけ発しました。「わかった。それでいこう」。ほとんどケンカ腰だった社長が、ぶっきら棒な言い方ではありましたが、私の意見を認めてくれたのです。

上司が「危機」に直面しても、決して「逃げ」てはならない

そして、取締役会当日。

いざ取締役会を開き、作戦を実行に移すと、やはり数人の役員はこのやり方に反発しましたが、やり方を変えるだけで、別にこちらにやましいことがあるわけではありません。「これは大変重要な案件で、情報が漏れることは絶対に許されません。そのため、今回はこのやり方で進めさせていただきます」と率直に説明すれば、反対する理由もない。むしろ、この方式で取締役会をやったうえで、万一、情報漏洩が発覚しても役員が疑われることはないのですから、彼らにとってもメリットがあるわけです。

こうして、異例な方式の取締役会は始まりました。いつも以上に、緊迫した空気のなかで粛々《しゅくしゅく》と会議は進み、例の契約締結は無事承認。私は、そそくさと配布資料を回収して、手はずどおりに取締役会を終えることができました。そして、一切の情報漏洩もなく、買収プロジェクトを着々と進めることができたのです。

あのとき、私は「参謀」の役割から逃げることもできました。

「お前に言われなくても、そんなことはわかっている。それを踏まえたうえで何とかならないかと言ってるんだ」と一喝されたときに、私は、こう言うこともできました。

「なるほど、そこまで考えたうえでのご決断でしたか。承知いたしました。ご指示のとおり準備を進めます」と。

そして、もしもその後、社内規定違反を指摘されたとしても、私は、こう言い逃れができたはずです。

「一度は社長の判断に『異』を唱えました。それでも、社長からの強い指示が出たから、従わざるをえませんでした」

しかし、それは「部下」としては言い分が立つかもしれませんが、「参謀」としては完全に失格。社長を「守る」べき存在である参謀が、社長が危機に晒《さら》されたときに、「逃げを打つ」などということはあってはならないことです。

大きなリスクに直面したとき、思考に「盲点」が生まれる

どんなに優秀な上司であっても、常に「完全」な判断ができるわけではありません。特に、重大なリスクに直面したときには、そのリスクに集中しすぎるがために、「盲点」が生じやすいものです。それは、私自身が社長を経験して身に沁みている真理です。

しかも、恐ろしいのは、社長はオールマイティであるがゆえに、影響力が強すぎることです。主要役員を集めて、対応策について協議をしたうえで、多数決で採決を取ろうとしても、個々の判断は、社長という強力なオピニオン形成者の影響を強く受け

てしまい、多様な意見を戦わせることで「最適解」を見出すという、合議制の長所がかき消されてしまうのです。

また、全員が、とにかく目の前の「緊急課題」をはやく潰すことに意識が向かっているために、ことさらに結論を急いでしまう。その結果、せっかく協議を行っても、「盲点」がそのまま見過ごされてしまう可能性があるのです。

だからこそ、参謀の果たすべき役割は大きいと言えます。

社長をはじめ、役員レベルの人々は、責任が重いだけに「視野狭窄《しやきょうさく》」に陥りやすいのですが、参謀にはそこまでの責任は負わされていません。それだけに、肩の力を抜いて、気を確かにすることは容易なはずです。

その利点を生かして、「問題」や「対応策」ばかりを〝凝視〟するのではなく、「場」の全体を俯瞰的に「眺める」ことによって、周辺状況やさまざまなステークホルダーの関係性などを、大きな枠組みのなかで考えてみる。現在、話し合われている対応策が、バランスが取れているか、〝違和感〟がないか、「原理原則」から外れていないかなどを冷静に検討してみる。そうすることで、思いもよらない「盲点」に気づくことができるのです。

そのためには、社長たちが生み出している「空気」に惑わされず、自分の頭で考える「自律性」が不可欠です。そして、気づいた「盲点」を、たとえ社長たちの反発を受けたとしても、率直に指摘する「自律性」も重要でしょう。その「自律性」こそが、社長たちを「守る」ことに繋がるのです。

06

「自己顕示」は非知性的な言動である。

「能力の高い上司」に恵まれるのは、組織において稀なことである

当たり前のことですが、能力が高いことは参謀の条件です。

私自身、社長だったときに、自分の参謀と認識していた人物はすべて能力が高かった。ただし、それは必要条件であって十分条件ではありません。いくら能力の高い人物であっても、ただそれだけで参謀として機能できるとは限りません。

では、能力は高くても、参謀として不適格な人物をどう見抜くか？

私が着目していたポイントのひとつが、「能力の低い上司」の下についたときの言動です。近年は、年功序列型の人事制度が解体されてきましたから、まったく無能な上司は減ってきているかもしれませんが、それでも「能力の高い上司」に恵まれるのは稀なのが現実。組織人事はさまざまな力学のなかで決まりますから、綺麗に能力順に並ぶなどということはありえません。組織とは、そういうものなのです。

だから、能力の高い人物ほど、上司に不満を抱くのは必然とさえ言えます。実際、今も昔も、組織のなかには、「上司がバカだから仕事が進まない」という不満が絶えることはありません。私も、若いころはそう思ったものです。組織というものを知らないうちは、それもやむを得ないことなのでしょう。

しかし、いつまでも上司の不満を言っている人物は、いくら能力が高くても、素晴らしい実績を出したとしても、参謀としては不適格。たとえ能力が低い上司であっても、上司として「機能」させるのが参謀なのだから、当然のことです。むしろ、上司の不満を言うのは、自分が上司を「機能」させるだけの力量に欠けることを表明しているだけのこと。まさに、天に唾することと変わらないわけです。

「上司のメンツ」を潰せば、職場を機能不全に陥れる

また、「能力の低い上司」を差し置いて、参謀が仕事を進めるのもいただけません。

たしかに、「能力の高い部下」が上司に替わって仕事をしたほうが、一見、スムーズにことが運ぶように見えることがあります。しかし、それは、上司を「機能」させたわけではなく、単に、上司のメンツを潰したというだけのこと。その結果、上司との関係性が悪化すれば、職場そのものを機能不全に陥れてしまいかねません。

実際、こんなことがありました。私が部長級だった頃のことです。直属の課長に配属されたのは、他社から転職してきた人物でした。彼は計算が得意で、データを整理してもらうと一級の仕事をしてくれました。ただ、転職して日が浅かったために、タイヤ業界や社内の事情が十分にわかっていない。だから、社歴の長い、仕事のできる部下にサポートしてやってほしいと頼んだことがあります。

ところが、これがうまくいかなかった。

些細なことで、ふたりがギクシャクするようになったのです。たとえば、私が課長にある資料の作成を頼んだのですが、後日、課長がもってきた資料の趣旨がズレている。だから、もう一度、趣旨を丁寧に説明して、作り直しを要請。すると、今度は、作り直した資料をもって、課長とサポート役の部下が一緒にやってきました。

しかし、まだ資料がズレている。それを指摘すると、課長が話そうとするのを制止して、「やっぱり、そうですよね。ならば、こういう資料もありますから、あとでそれを加えて再提出しますよ」と部下がしゃべり始めたのです。


彼の提案は的を射たものでした。

おそらく、彼は、課長から資料作成を指示されたときに、私の意図を察知していたのでしょう。ところが、課長は彼の提案を聞かずに、間違った方向の指示を出してしまったために、不十分な資料になってしまったわけです。部下にすれば、それが不満だったのかもしれませんが、課長のメンツは丸潰れ。私は、「そうしてくれ」と返事をしながら、「まずいことになったな……」と思いました。

「自己顕示欲」が、すべてを台無しにする

その後も、同じようなことが何度も起きました。

課長の仕事がうまくいかないと、サポート役の部下がしゃしゃり出てくるのです。彼は、サポートしているつもりなのでしょうが、課長はそのたびにメンツを潰されるわけですから、どうしたって二人の関係はギクシャクします。ほかのスタッフにさりげなく状況を聞くと、職場の雰囲気もピリピリしていると言います。

これは、私の判断ミスです。

正直、その課長よりも、サポート役の部下のほうが仕事はできました。しかし、その部下は、人の気持ちを推し量る能力に欠けていました。そのことに気づかず、仕事ができるというだけの理由で、課長のサポート役を頼んでしまった私にも責任があります。

だから、それとなくサポート役の部下に注意を促しましたが、なかなか気づいてくれない。むしろ、彼にすれば、自分の仕事に加えて、課長のサポートに労力を取られているわけですから、「しかるべく評価してほしい」という気持ちが強い。それだけに、自分の行為を客観的な視点で反省するのが難しい状況にあったのでしょう。彼の言動を軌道修正するのは難しかった。私の力不足ということですが、結局、やむなく人事異動の際に二人をそっと引き離すようにするほかありませんでした。

そして、その部下には、参謀は務まらないと判断せざるをえませんでした。彼は能力も高く、上司をサポートするだけの実力も確実にありました。しかし、要するに自己顕示欲が強いのでしょう。ほとんど無意識的に、自分は上司よりも有能であるということをアピールしようとしてしまう。そして、上司のメンツを潰してしまうわけです。

その結果、職場の雰囲気まで壊してしまうわけですから、とてもではありませんが、上司を「機能」させているとは言えません。せっかく仕事ができるのに、非常にもったいないことだと思います。

「手柄」を上司にあげるのは、効率のよい「投資」である

彼にはやりようはいくらでもあったはずです。

課長と資料づくりについて話し合っているときに、「なるほど、よくわかりました」と課長の話を受け入れながら、「ところで、この資料も加えておくとどうでしょう？」などとさりげなく提案すれば、課長は気持ちよくそれを受け入れたかもしれません。

そして、その提案が課長に却下されたとしても、部長である私の前で、課長のメンツを潰すようなことを言わずに黙っておけばいい。そして、課長を責めるようなそぶりを見せずに、再度資料をつくってあげて課長に託せばいい。二度手間、三度手間にはなりますが、そうやって課長のプライドを傷つけないようにして、部長である私に評価される資料をつくって、課長の「手柄」にしてあげればいいのです。

これは、いわば投資です。

何度か、このような投資をしておけば、どうなるか？

課長は自然と、「自分がやるよりも、彼に任せておいたほうが得だ」と考えるようになります。たいていの上司は、できるだけ楽をして、会社・上司に評価されることを求めていますから、黙って自分の「手柄」をつくってくれる部下のことを重用し始めます。そのような存在になれれば、たいていのことはこちらに任せてくれるようになり、手間をかけずに上司を「機能」させることができるようになるのです。

自己顕示欲は、「自信のなさ」の現れである

もちろん、外見上、それは課長の「手柄」になります。

しかし、そのまま放っておけばいいのです。あえて、「本当は、全部、私がやっているんです」などと、自分をアピールする必要など一切ない。なぜなら、周りの人はわかっているからです。むしろ、自己アピールをせずに、上司を黙々と「機能」させ、職場を「機能」させている人物に対して、「あいつは、なかなかの人物だ」と評価を高めてくれるのです。

私ならば、こういう人物を参謀として頼りにしたい。なぜなら、仕事ができるうえに、周囲から人間として一目置かれる人物は、職場における影響力が強いために、組織を動かすうえで非常に有益だからです。そのような人物を参謀にすることによって、私自身の影響力を高めることができるわけです。

その意味で、「能力の低い上司」の下につくのはチャンスというべきです。「優秀な上司」は、その優秀さゆえに、部下がサポートする隙がありませんが、「能力の低い上司」は隙だらけ。サポートし放題です。そして、そのような上司を「機能」させるためにどうすればよいかを考え続けることによって、参謀としての力が磨かれるのです。

さらに重要なのは、「手柄」は上司にあげてしまうことです。自分の優秀さを自らひけらかしたところで、何の得にもなりません。自己顕示欲とは、承認欲求の現れであり、承認欲求とは、自分に自信がないから生ずるものです。そのことを自覚するならば、自己アピールという非知性的な言動は慎むようになるはずです。それは、参謀にとって〝雑音〟にしかならないのです。

それよりも、上司を「機能」させ、職場を「機能」させ、組織として最大の仕事を成し遂げることに集中する。この姿勢を徹底することで、必ず、しかるべき人物から参謀として認められる存在になることができるに違いありません。

「トラブル」は順調に起きる。

07

上司の「感情」に、絶対に同調してはならない

トラブル耐性があるかどうか——。

これも、私が社長だったときに、社内の人材について、参謀として適格か否かを判断する重要なポイントでした。

というのは、参謀がサポートする上司の重要な任務がトラブル処理だからです。しかも、上司の役職が上がれば上がるほど、解決困難なトラブルが舞い込んでくることが増えていきます。現場では解決しきれないトラブル対応に課長が当たり、課長の手に負えなければ部長、役員、社長へと上がってくるのですから、それは当然のことでしょう。

つまり、トラブル対応こそが上司の重要な任務であり、それをサポートするのが参謀ということ。トラブル耐性のない人物が、参謀としての役割を果たせるわけがないのです。

ところが、なかには、トラブル報告を受けると、感情的に反応する上司がいるものです。私にすれば、言語道断。「何のために、あなたは部下より高い給料をもらっているのか？」と問い詰めたくなりますが、それでなくても日々重責を感じている上司にすれば、トラブルを発生させた現場に鬱憤をぶつけたくなってしまう気持ちもわからないではありません。

しかし、参謀は、上司ほどの重責を担わされているわけではありませんから、より冷静に対応できるはずです。むしろ、感情的になった上司を冷静にさせることこそが参謀の役割だと考えるべきなのです。

にもかかわらず、参謀的ポジションであるはずの人物が、上司に同調してわめき立てるようなシーンをしばしば見かけました。ネチネチと責め立てたり、感情的に怒鳴りつけたり、「だから、お前はダメなんだ」などと人格否定にまで走ったり……。実に見苦しいことです。

同調することで、上司の意を汲んでいるつもりなのかもしれませんが、それでは、上司を守ることにならないうえに、組織を危機的な状況に追い込むことにしかなりません。むしろ、まず自分自身が、肩の力を抜いて、気を確かにして、全体状況を「眺める」ことが大事。そして、冷静な議論をうながすべきなのです。

「目的」を置き去りにして、トラブルを追いかけない

そもそも、現場を責め立てることに意味がありません。現場を責め立てても、トラブルは何ひとつ解決しないのだから当然のことです。

このようなときの目的は、トラブルに適切に対応して損害を最小限に留めること以外にありません。現場を責め立てる時間は単なる無駄。トラブル・シューティングはスピードが命ですから、１秒でもはやく、問題解決に向けて動くのが鉄則です。「目的」を後ろに置き去りにして、トラブルを追いかけても何の意味もないのです。

ましてや、「だから、お前はダメなんだ」などと人格否定をするなどもってのほか。相手の「自尊心」を傷つけることほど愚かなことはないのです。

もちろん、トラブルを発生させた現場に、なんらかの問題があったことは間違いないでしょう。しかし、問題があることと人格とは無関係です。大事なのは、ビジネスの原理原則に基づいて、「何が正しくて、何が間違っているか」をともに考えて、有効な再発防止策を構築することであって、それを通り越して、相手の人格を否定して「自尊心」を傷つけるような言動に走るのは愚行というほかありません。

なぜなら、「自分は価値のある存在である」という自尊心を傷つけられた人は、必ず相手に「敵意」を抱くからです。

参謀として機能するために、最も重要な〝足場〟は現場にほかなりません。現場と密接に触れ合い、その現実をリーダーにフィードバックすることによって、その意思決定の精度を上げるのが参謀の務めのはず。であれば、その任務を遂行する力を最大に棄損するのは、現場に「敵意」をもたれることにほかなりません。誰が「敵意」をもつ人間に、「本当のこと」を明かしてくれるでしょうか？　相手の「自尊心」を傷つけるようなことを、参謀は絶対に行ってはならないのです。

現場を「責め立てる」ことが、会社を危機的な状況に追い込む

それだけではありません。

現場を責め立てることは、長期的に会社を危機的な状況に追い込むきわめて危険な行為です。

なぜなら、厳しく責め立てられた現場は、それ以降、トラブル情報を隠蔽《いんぺい》する動機を強めてしまうからです。これが大問題を生み出します。どんなに誠実に仕事に取り組んでいても、トラブルは避け難く発生するものですから、リスク・マネジメントにおいて重要なのは、トラブルの芽が小さいうちに組織的な対応をとることです。

ところが、現場がトラブルを隠そうとすることによって、水面下でトラブルはどんどん大きくなる。そして、現場だけでは抑えきれなくなったときに、問題は噴出。組織に大きな打撃を与える結果を招くのです。

つまり、もしも、「トラブル隠し」が常態化するようなことになれば、会社は危機的な状態に陥っていくことになるということ。参謀が、感情的になった上司に同調してしまうことによって、これほどの大きな問題を生み出しかねないわけです。

だからこそ、参謀は「トラブル耐性」を鍛えておかなければなりません。どんなに深刻なトラブルが発生しても、どんなに上司が感情的になっても、肩の力を抜いて、気を確かにして、冷静に問題に対処する「胆力」を養わなければならないのです。

「トラブル」が起きるのが、正常な状態だと考える

とはいえ、それが難しいのも事実です。

予期せぬトラブルに見舞われたら、誰だって心臓がドキドキしてくるのが当然の反応です。何事にも動じない心境になど、常人にはなかなかなれないものです。だから、私は、常々、トラブルが発生したときには、こう自分に言い聞かせてきました。順調にトラブルは起きる。トラブルが起きているから順調なのだ、と。

もちろん、いい加減な仕事をしてトラブルが起きたっていいじゃないか、などという意味ではありません。

世の中は自分を中心に回っているわけではありませんから、どんなに完璧を期したとしても、こちらの見込みどおりに仕事が進むとは限りません。むしろ、思ったとおりに仕事が進んでいるときが例外なのです。

だから、私は、トラブルに見舞われるたびに、「トラブルを気に病むな。やっぱり起きたか。順調だな、と思え」と何度も何度も自分に言い聞かせてきました。そして、トラブルに直面して動転しそうになる気持ちを受け流して、冷静に解決策を考え、一刻も速く行動に移すことに全精力を集中させてきたのです。

言い方を変えれば、「合目的的」であることに徹するとも言えます。

「合目的的である」とは、目的に合致することだけやり、合致しないことは一切しないということ。トラブルが起きたときに感情的になって、現場を責め立てても、問題は一切解決しないうえに、現場の自尊心を傷つけたり、「トラブル隠し」が常態化するなどの、深刻な反作用を生み出します。それらは、まさに「反」合目的的な行動なのです。

つまり、先ほど私は、トラブルに直面しても動じない「胆力」が必要と書きましたが、それは、精神的な強さによって実現されるものと捉えるのではなく、合目的的な思考に徹することで実現されるものと捉えたほうがいいのです。

誰だって、トラブルに見舞われたら、ネガティブな感情が湧き上がってきますが、その感情を意志の力でねじ伏せようとするのではなく、「トラブルが順調に起きている」と受け止め、ひたすら合目的的に行動することに集中すればいい。そうすれば、自然と、感情に翻弄《ほんろう》されるような愚は犯さなくなるものなのです。

現場から相談されるか否かが、「参謀力」の試金石となる

むしろ、参謀たる者、トラブル報告を待つのではなく、先回りして現場のトラブル

を掴《つか》みにいくくらいでなければなりません。

私は、秘書課長になってから、頻繁に現場に顔を出してコミュニケーションを取るように心がけていましたが、現場が信頼してくれるようになると、徐々に、「実は、〝ちょっと〟まずいことがあってね……」「〝ちょっと〟相談に乗ってくれないか？困ってることがあるんだ」といった相談を受けることが増えていきました。

この「ちょっと」という声をかけられることが、参謀の試金石になります。参謀が、現場にトラブルの兆候がないかを〝嗅ぎ回る〟ようなことをすれば、警戒され、信頼を失うだけです。

逆に、日頃のコミュニケーションを通じて、現場からの信頼を得ていれば、現場のほうから「ちょっと」と声がかかる。トラブルに「先回り」することができるわけです。これこそが、参謀たる者の重要な資質であり、「２級の参謀」と「１級の参謀」を分ける尺度にもなるのです。

そして、現場の「困りごと」「トラブルの芽」を解決する手伝いをすることができれば、現場に喜ばれるのはもちろん、会社のリスクを減らすことができますし、大ごとになって社長を煩わせることもありません。

だから、現場から「悪い報告・相談」を受けたときには、ネガティブな反応は絶対にしないように心がけていました。相手は、私の背後に、権力者である社長の存在を見ています。私が、ほんの少しでも動揺する仕草を見せれば、それが〝悪い形〟で社長の耳に入って、厳しい制裁を受けるかもしれないと、防御的なスタンスに切り替える恐れがあるからです。

自然に「悪い報告・相談」が集まる存在になる

もちろん、私は凡人ですから、内心では「弱ったな……」「この忙しいときに、面倒なことになりそうだな……」と思わなかったと言えばウソになります。しかし、それをわずかでも悟らせてはいけない。とにかくフラットな気持ちで、「悪い報告・相談」に向き合い、会社にとってベストの解決策を現場とともに考えるスタンスを徹底したのです。

そして、私が、社長に報告・相談するときには、一切のごまかしなく、現場で起きていることを伝えますが、必ず、現場とともに練り上げた解決策も併せて伝えるようにしました。現場をかばおうと、真実を隠すような報告をするのは論外。重要なのは、社長が納得するに足る「解決策」を、現場とともに考えることなのです。

それでなくても、社長はファイアストンの買収という重大な案件に骨身を削っている状況ですから、現場のトラブルを聞いて苛立ちを覚えるのもやむを得ないことです。しかし、「解決策」もワンセットで伝えれば、ほとんどの場合、「それでちゃんと対応しろ」と指示をして終わり。大ごとになることはほとんどありませんでした。

こうして、現場から自然と「悪い報告・相談」が私のもとに集まるようになり、未然に大きなトラブルを防止することができれば、現場からも、社長からも信頼を勝ち取ることができます。その結果、参謀としての仕事がより一層やりやすくなる好循環が始まるのです。

上司を守ろうとして貶める
「愚者」になるな。

08

好かれようとしても、「疲れる人生」になるだけ

上司に気に入られなければ参謀は務まりません。

会社というものは、ゲゼルシャフト（目的達成のために作為的につくり上げた集団）ではありますが、上司の立場からすれば、どんなに優秀であっても、好感を抱けない相手を参謀にすることはありません。そのような相手を参謀につけても、コミュニケーション不全に陥り、うまく機能するはずがないからです。

しかし、ここで間違える人が多い。

上司に好かれようとしてしまうのです。もちろん、この世には、生まれもった魅力があって、自然に振る舞っていても周囲の好意を勝ち得る人物はいます。そのような幸運な人は、そのままでおおいに結構。しかし、私を含め、普通の人はそうではないと思っておいたほうがいい。

にもかかわらず、上司に好かれようとすると、上司からも、周囲の人からも、妙な〝お茶くみ〟にしか見えません。つまり、侮《あなど》られるわけです。それでは、とても参謀として機能することはできないでしょう。しかも、〝疲れる人生〟を送らなければならないわけですから、何もいいことはないのです。

ところが、哀しいことに、上司の歓心を買うことによって、自身の保身や出世を図るような人物が、ときに参謀役として位置づけられてしまうことがあります。サラリーマン社会には避けがたく起こることではありますが、私に言わせれば、これは上司の〝弱み〟につけ込むようなものです。

職位が高くなればなるほど、意思決定に伴う影響や責任が重くなりますから、弱い上司ほど、自分の意思を忖度してくれ、自分に「逃げ道」をつくってくれる人物を求めがちだからです。そういうタイプの上司は、取り巻きを従えて、一見、強そうに見せようとするのですが、そうやって群れていることで、「弱さ」をさらけ出していることに気づいていません。

そして、自身の保身や出世を図るような人物にすれば、その上司の「弱さ」こそ利用価値があります。上司の「弱さ」に迎合することによって、上司は自分に価値を見出すことを知っているからです。そして、「弱い上司」と「保身や出世を図る部下」の、不健全な依存関係が成立するわけです。

上司に「逃げ道」を与えるのは、本当に正しいことなのか？

しかし、このような「不健全な依存関係」は、組織を内部から腐らせていき、社外をも巻き込む大きな問題が発生することで、一気に組織を崩壊の危機に陥らせることになります。このような関係性が生まれることは、組織にとって、きわめて深刻な問題をもたらすのです。

私自身、社長になったときに、そのような怖さを何度も感じました。

たとえば、こんなエピソードがあります。かつて、ブリヂストン製品の海外販売において、販売手数料の一部が、現地の公務員にワイロとして渡った疑いがあることが発覚したことがあります。

これは社内コンプライアンス規定違反であり、担当役員が外部に公表するという対応方法もありましたが、株主をはじめとするステークホルダーに迷惑をかけることになり、大きなトラブルのもとになるというリスクがありました。

そこで、社長である私が記者会見に出て公表することにしました。私の記者会見でのひとつの失言で、会社に深刻なダメージを与えるわけですから、逃げ出したいという気持ちがなかったといえばウソになりますが、そう腹をくくったのです。

怖いのは、こういうときには、社長に「逃げ道」が与えられることです。

実際、私に「わざわざトップが出る必要はないですよ」「まずは、ナンバー2や担当役員が説明すればいいのでは」などと声をかけてくれる人がいました。

おそらく、彼らは、私の立場を配慮して、善意でこうした声をかけてくれたのでしょう。しかし、この「逃げ道」に甘えて、トップである私が謝罪をしなければ、のちに大きなトラブルになりかねない。だから、社内の必要手続きを経たうえで、自らの

「弱さ」を振り切って会見に臨むことにしたのです。

そして、会見当日――。

極度の緊張を強いられましたが、正直に事実を公表し、謝罪したうえで、国内外の法律事務所が参加する第三者委員会を立ち上げて社内を徹底調査するなどの対応策について説明。なんとか、会見を無事乗り切ることができました。

驚いたのは、その後のこと。多くのメディアは的確に問題点を指摘しましたが、強く非難するような論調は見当たりませんでした。それどころか、ある経済誌は「株価の上がる謝罪会見」として取り上げてくれたのです。これには、私自身が驚きました。そして、たいへんありがたいことだと感謝しました。

上司の「弱さ」に迎合してはならない

もちろん、あのとき、私は失敗していたかもしれません。

しかし、そのときには、社長である私が責任を取れば済む話。会社には多大な迷惑をかけてしまいますが、精一杯の努力をした結果ならば、無念ではありますが、その現実を受け止めて最大限の対応をするほかありません。そして、私のキャリアには汚点が残りますが、ひとりの人間の生き方としては「恥」にはならないと思いました。

一方、社長である私が用意された「逃げ道」に甘え、別の誰かが記者会見で失敗した場合には、本来、私が背負うべき責任をその人物に背負わせてしまうことになるでしょう。

それは、ひとりの人間として恥ずべきことであるうえに、昨今も、そのような批判を浴びた会社がありましたが、「なぜ、トップが出てこないのか？」と、会社に対するダメージがより大きなものになりかねません。

だから、私は、「逃げ道」を囁《ささや》いてくれる人々の言葉には耳を傾けませんでした。

それは、私の「弱さ」に迎合しているか、深い考えがないだけのこと。むしろ、私が記者会見に臨む考えを表明したときに、それを当然のことと受け止め、「絶対に真実を隠してはならない」「すべての質問に真正面から答えるべきだ」と進言してくれた人々の言葉こそ信じるに足りると思ったのです。

「好敵手」とみなされることが、上司に「気に入られる」ということである

私は、自分の「弱さ」を自覚しているつもりです。

だからこそ、私の「弱さ」に迎合することなく、「会社としてどのように対応すべきか」を真摯に考え、私が社長として当然の意思決定を進言してくれる人こそが、信頼できる参謀たりうる人材だと確信しています。

もっと言えば、上司である私に緊張感を与えてくれる人物こそが、本当の意味で頼れる参謀なのです。「こいつの目はごまかせない」「下手なことをしたら指摘される」という緊張感を与えてくれる人物でなければ、参謀として私の「弱さ」を律する助けにならないからです。

もちろん、私も上司として、参謀には同様に接します。

お互いに、「何が原理原則であるか？」「何が正しいのか？」を考え抜き、それをぶつけ合う。そのプロセスで、不確実な状況のなかで最適解を探り当てていくのが、上司と参謀の本来の関係性です。

いわば、上司と参謀の関係性には「闘争」とも呼び得る要素がなければならないということ。そして、上司にとって「好敵手」と認められることこそが、参謀として「気に入られる」ということなのです。

だから、参謀を志すならば、決して上司に好かれようとしてはいけません。

ましてや、上司の「弱さ」に迎合して、安易な「逃げ道」を用意するようなことをしてはいけません。

それは、一見、上司を守ろうとしているように見えますが、その実態は、「逃げ道」を提供することで、何らかの見返りを求めているだけのことです。

そして、それは結果的に、上司を守るどころか、上司を貶めることにしかなりません。上司という「機関」をサポートするためには、上司と闘うくらいの覚悟がなければならないのです。

第3章

「理論」より「現実」に学ぶ

本で学んだ「知識」は危険である。

09

本で読んだ「知識」で、「現実」を動かすことはできない

参謀を「知的な戦略家」というイメージで捉えるのは危険です。

小難しい経営書を読みあさって、生半可な「経営論」や「分析フレームワーク」を振り回しても、そのような知識をもたない現場の人たちにとっては意味不明。むしろ「教えてやろう」などという態度で、知識を振りかざすような人物は、相手から手酷《てひど》い反発を受ける結果を招くだけです。

私が社長を務めていたときも、ときどき〝頭でっかち〟な提案書が持ち込まれてきましたが、現場の〝どうしようもない現実〟を骨身に染みている身からすると、その提案書が実現性のない「机上の空論」であることは一目瞭然。何かの本に書いてあったような話が、書き連ねてあるようにしか見えない。そんなときには、冷たいようですが、「これは、文庫本の世界の話だよ。もっと現実的な提案をもってきてほしい」

と突き返したものです。

本で学んだ「知識」だけでは、現実を動かすことはできません。ましてや、本で読んだ「知識」を、無理やり現実に適用しようとすれば、組織や現場はガタガタになってしまうでしょう。そのような血肉化されていない「知識」は危険ですらあるのです。

もちろん、私は読書の効用を否定する者ではありません。読書は好きで、これまでかなりの数の本を読んできましたし、本から実に多くの「知識」を得てきたと実感します。しかし、「知識」を学ぶ最良の教師は、本ではなく人です。そのテーマについて熟知している人に頭を下げて、教えてもらうことに勝る勉強方法はないのです。


そして、読書は、人に教えてもらう前の予習だと思ったほうがいい。本を読んでもわからないことを、人に直接教えてもらうことで知識が深まるのです。あるいは、人に教えてもらったことを、復習するために本を読んでみる。そうすると、人に教えてもらったことが、よりよく整理できることもあるでしょう。

ときには、もっともらしいことの書いてあるベストセラーが、間違いだらけだったことに気づくかもしれない。でも、それが本当の読書だと思います。本で読んだことを真に受けるのではなく、人に教えてもらったことや自分の実体験と付き合わせてみる。そのプロセスでこそ、地に足のついた「知識」が蓄積されていくのです。

会社は「教師」の宝庫である

そして、ありがたいことに、会社は「教師」の宝庫です。

営業部門、技術部門、製造部門、開発部門、財務部門、管理・総務部門など、すぐ近くに、それぞれの領域で現実に仕事を動かしている専門家集団がいるのです。「知識」を身につけたければ、彼らのもとを訪れて、教えを請えばいいのです。

私は、入社１年目からそれを実行しました。

新入社員研修で講義をしてくれた方々が、「わからないことがあったら、いつでも聞きにきなさい」と言ってくれたのを〝これ幸い〟と、研修の復習をかねて各部門の担当者に会いに行ったのです。いざ会いに行くと、みなさん「本当に来たのか？」と驚きました。「いつでも聞きにきなさい」という言葉は社交辞令のようなもので、本当に聞きに来るのはそんなにいなかったのです。

でも、「わからないことがありまして……」と質問をすると、みなさん嬉々としていろいろなことを教えてくださいました。

これは、その後、私が教える側に立ってから実感したことですが、教えを請われて嫌な気がする人はいません。人に頼られるのは嬉しいことですから、「教えてほしい」と言ってくる人には、誰だって好感をもつのです。しかも、当時の私は入社1年目。ずいぶんとみなさんに可愛がっていただいたものです。

教科書には書かれない、奥深い「知識」が現場にはある

しかも、彼らが教えてくれるのは、どんな教科書を読んでも書いていない、生々しい「知識」ばかり。教科書に書いてあることだけでは、現実の仕事は回らない。そこには、実に奥深い世界が広がっていたのです。

好奇心を刺激された私は、その後も、何かわからないことにぶつかるたびに、足繁くいろいろな部署に顔を出すようになりました。そして、次第に、「そうか、ブリヂストンという会社は、この人がいるこの部署が、このような役割を果たして回っているんだ」ということが実感を伴って理解できるようになってきました。

当初は、抽象的な組織図のイメージしかなかった会社という「機関」が、生身の人間が協力しあいながら、せっせと動かしている「有機体」であることがイメージできるようになっていったのです。

そして、自分が担当している仕事が、会社全体のなかでどういう意味があるのかも深く理解できるようになります。私のデスクは１㎡ほどの小さいものですが、そこで行う仕事は「有機体」全体につながっている。そのようなイメージが明確になることで、仕事はおもしろくなり、自分がどう仕事を進めるべきなのかも見えてくるようになりました。その結果、仕事の質が高まり、職場での評価も高まったように思います。

本物の「知識」は身を助けてくれる

それに、数年にわたって、そのようなコミュニケーションをとることで、さまざまな部署の担当者と関係性が深まってくると、その部署が抱えている悩みや課題も教えてくれるようになります。これが、非常に有意義でした。

たとえば、工場の各工程の製造設備にはどのような問題点があるのか、そしてどのようなスキルをもった作業者がいて、どのような動作をしたときに、どこでどんな問題が起きやすいのかといった、現場の生々しい、ドロドロした部分までも感覚としてつかめるようになるのです。

製造部門のある人から「荒川は下手な工場長よりも、工場のことをよく知っている」と評されたこともありました。私は、ただ教えを請い続けただけですが、製造部門の部外者でありながら、そのような信頼をいただけるようになったのです。

もちろん、専門知識ではそれぞれの部門の担当者には到底及びません。しかし、彼らとかなり専門的な話ができるくらいにはなれる。しかも、それなりの信頼も寄せてもらえていますから、深いコミュニケーションができるようになる。私は、このような「知識」こそが、本物の「知識」だと思うのです。

実際、その後、40代になって社長直属の秘書課長として参謀役を任されたときに、私を助けてくれたのは、このとき以来培ってきた「知識」と「社内人脈」でした。ファイアストンの買収事業そのものが社内からの強い抵抗を受けているという逆風のなか、社長の〝無理難題〟とも言える案件を、現場に説明に回るのも私の仕事でした。通り一遍の説明で納得してもらえるような状況ではありません。そんななか、現場とのコミュニケーションが成立したのは、それぞれの現場とかなり専門的な話ができるだけの「知識」と、彼らと培ってきた「信頼関係」があったからです。

その助けがなければ、私は強い反発を前に何もできなかったかもしれません。若い頃から一貫して、社内のさまざまな人々に「知識」を教えてもらってきたことが、参謀としての仕事を助けてくれたのです。

10

「理論家」に優れた参謀はいない。

１００％理論どおりに「現実」が動くことなどありえない

「理論家」に優れた参謀はいない――。

私は、そう思っています。いや、そもそも「理論家」で仕事ができる人を見たことがない、と言ってもいいかもしれません。教科書に書いてある「理論」を鵜呑《うの》みにして、それを金科玉条のように現実に適用しようとしてもうまくいくはずがありません。理路整然と理論を語る姿を見ると、一見、賢そうに見えるのですが、私にはむしろ、モノを考えない人にしか見えないのです。

もちろん、私は理論を軽視する者ではありません。頭脳明晰な研究者が、過去の事象を徹底的に検証して構築した理論は、現実に起きている現象を読み解くうえで貴重なヒントを与えてくれます。打ち手のヒントを与えてくれることもあるでしょう。

ただし、現実は常に個別性をもっていますから、一般化した理論からはみ出す部分が必ずあります。100％理論どおりに現実が動くなどということはありえないのです。にもかかわらず、ときに理論家は、現実を直視しようとせず、理論にあてはめて現実を理解しようとしてしまう。その結果、間違った打ち手を実施して、現実を悪化させてしまうことがあるのです。

だから、私は社長として、理論家を参謀として重用することはありませんでした。むしろ、「1＋1＝2」「2×2＝4」というようなクリアカットな提案をする理論家を警戒したものです。若いころから、そのような人物の危うさを間近に観察してきたからです。

「現場主義」VS「管理主義」

エピソードをひとつ紹介しましょう。

私が、大学でインドシナ語を学んでいたことが評価されたのでしょう、入社2年目に、当時立ち上げ真っ只中にあったタイ・ブリヂストンの工場に配属されたときのことです。

タイ工場に赴任してからしばらくの間、私は、総務・労務部に配属されました。直属の上司は、タイ人部長。この人物が非常にきつかった。

前職は外資系企業の労務担当。英語はペラペラで、いつもデスクに座って指示を出しているいわゆるキャリアの専門家でした。入社2年目のペーペーで、労務に関する知識など皆無だった私には、まったく太刀打ちできません。それどころか、私の知識のなさや、拙い英語を、ずいぶんと「バカ」にされたものです。正直、良好な人間関係を築くのに苦心しました。

それは、私だけではありませんでした。

現場上がりの日本人工場長もタイ人部長とはあまりうまくいっていない感じでした。タイ人部長のプライドの高いキャラクターが性に合わなかったこともあるのでしょうが、それ以上に、工場長はタイ人部長の現場に対する姿勢に違和感を感じていたようです。

というのは、タイ人部長はほとんど工場現場に顔を出そうとしなかったからです。

工場長は毎日必ず、最低1回は工場の隅々まで汗びっしょりになりながら巡回していました。

しかし、労務部長なら現場を見るのが当然であるはずですが、タイ人部長は、「だって、工場なんて暑いし……」と、クーラーのきいた事務所でデスクワークしかしませんでした。もともと「管理する人間が工場に入ってどうする」というのが彼の考えでしたから、現場上がりの工場長とは根本から考えが違う。そんな状況でしたから、自然、工場長は何か問題があると、私に相談をもちかけるようになっていったのです。

現場を徹底的に調査すると「真実」は見えてくる

そんななか、深刻な問題が持ち上がりました。

操業開始半年ぐらいで、工場が24時間のフル操業になった頃、大きな事故が頻発するようになったのです。その背景には、現場の作業員が8時間ずつの交替勤務となり、夜勤も始まったことで、作業環境が大きく変わったことがありました。

人命に関わりかねない大事故だったうえに、もしも操業を止めざるをえなくなると、事業そのものに甚大な影響も与えます。事故の原因を特定したうえで、有効な改善策を早急に実行する必要があると考えた私は、タイ人部長に対応策を相談しました。

すると、部長は「事故が起きるのは、職場のルールが甘いからだ。現場の労務管理をもっと厳しくするしかない」と断定。たしかに、それは理屈には合っています。作業工程のルールを厳格にすれば、事故を減らすことができるはずです。しかし、事故の原因を調査もしないで、断定するのはおかしい……。そんな不信感をもった私は、工場長のもとに向かいました。

部長の考えを工場長に伝えると、苦々しい表情になって、こう吐き捨てました。「また、ルール強化か」。聞くと、タイ人部長はこれまでも、工場内で何か事故が起きるたびに、ルール強化を提案してきたそうです。ルール強化をすれば、一応、労務管理担当の職責は果たした「形」にはなる。しかし、それでも事故は起きました。効果的な対策が取られないことに、現場は不満を募らせていたと言います。

そして、工場長は、私にこう指示を出しました。

「これはルールで片付けていい問題ではない。それではまた必ず事故が起きる。荒川君、何が原因で事故が起こっているのか、現場を徹底的に調べてくれないか？」

早速、私は労務部にある過去の事故記録を丹念に調べ、工場に入り浸りになって、事故の原因分析を始めました。

「事故は、どの工程で起きるのか？」「どの作業でどんな動作をしたときに起きるのか？」「いつ起きるのか？」……。思いつく限りのデータを集め、現場のスタッフのヒアリングを重ねた結果、実に興味深いことに気づきました。事故は、工程に関係なく、「食事後」または「休憩後」の1時間以内に頻発していることが、データではっきりと示されたのです。

これが根本原因だ！

私は、思わず膝を打ちました。みなさんも経験があるでしょう。食事後はどうしても眠くなる。休憩後は、休憩前までの集中力を取り戻すのに時間がかかる。人間は誰だってそうなのです。しかも、タイは年中暑いうえに、タイヤ工場では熱を使うので、なおさら暑い。さらに、夜勤も始まったため、寝不足の作業員もいる。食事後、休憩後に集中力が鈍り、事故が頻発するのも当然の状況にあったのです。

「原因」さえ正確につかめば、「答え」は自然に出てくる

ならばどうすればいいか？

「食事後、休憩後には体操を取り入れ、頭と体を目覚めさせる」

これが私の考えた解決策でした。工場では、毎朝、事務所の始業前に、全員外に出て日本式のラジオ体操をしていました。これを食事後と休憩後の作業開始前にもやろうと考えたのです。

拍子抜けするほどシンプルなアイデアかもしれませんが、現場の作業員に聞いても、「それはいいんじゃないか」と好評。工場長も「なるほど。やってみよう」と納得し

てくれました。現実をしっかりと観察して、「原因」さえ正確につかめば、あっけないほど簡単に「答え」は出るものなのです。

ただし、私の直属の上司はタイ人部長。彼のサインをもらわなければ、このアイデアを実行することはできません。

ところが、彼は、私の提案をなかなか聞き入れようとしませんでした。「体操？何を言ってるんだ。ルールがしっかりしていれば事故は起きない。ルールを厳格化すべきだ。当たり前の理屈だよ。本を読んでみろよ」と、書棚に飾ってある労務専門書を指差します。アイデアの根拠となるデータすら見ようとしませんでした。

正直、弱りました。でも、ここで投げ出してしまっては、せっかくのアイデアが水の泡。何より、「ルール強化」では事故は減らない。だから、私は、時間をかけて、何度も部長に訴えました。とにかく、分析結果をみてくれ。現場の実態を見てくれ。部長も、食事のあとは、少し眠くなるだろう。同じことが現場でも起きているんだ。しつこく訴え続けました。

すると、ついに音を上げた部長は、しぶしぶデータに目を通してくれました。はじめは面倒臭そうにデータを追っていましたが、徐々に表情が変わっていきました。「食事後、休憩後に事故が集中している」ことは、誰も否定できないデータで明確に示されています。驚いたような表情を浮かべた彼は、「もっと詳しいデータはないのか？」と食いついてきました。そして、「食事後、休憩後に体操を取り入れる」という提案にサインをしてもらうことができたのです。

現場の作業員が教えてくれたマネジメントの「真理」

私は、その後数ヶ月間、事故が起きやしないかとヒヤヒヤしながら過ごしましたが、「体操」の効果ははっきりと現れるようになりました。

もちろん、24時間操業になじんできた作業員たちが、生活のリズムを立て直してくれたこともあったと思いますが、それを考慮しても、明らかに事故は激減。それどころか、生産効率の向上までもが観察されるようになっていったのです。

これを、工場長はおおいに評価してくれました。しかも、これは総務・労務部の発案ですから、タイ人部長の手柄にもなりました。これで気をよくした彼は、私のことも多少は認めてくれるようになりました。

そこで、私は、胸にしまっていた、もうひとつの提案をタイ人部長にしてみることにしました。実は、事故の原因分析をするなかで、注目すべき従業員の声がありました。「工場入り口に祀ってある『サーンチャオ＝守り神』が、この工場では粗雑に扱われている。だから事故が起きているんだ」と言うのです。

なるほど……と思いました。

タイは敬虔《けいけん》な仏教国です。家の入り口、事務所、工場、ホテル、街中のいたるところに「サーンチャオ」をお祀りしていて、みんなが大切にしています。観察すると、タイ人従業員は、出退勤時に工場入り口の「サーンチャオ」に必ず「ワイ＝手を合わせて拝む」をすることを習慣にしていたのです。

ところが、従業員がそれほど大切にしているものを、われわれ日本人はそれほど大切にしてきませんでした。これはいけない。彼らと同じ気持ちにならなければ、職場の一体感は生まれない。そう思った私は、毎朝、工場長をはじめ幹部社員全員で、「サーンチャオ」に「ワイ」をして安全祈願をしてはどうかと、タイ人部長に提案したのです。

「現場」と真摯に向き合うことが、正しくモノを考える出発点である

これには、タイ人である彼もおおいに納得してくれました。そして、彼から工場長に提案。賛同した工場長は、すぐさま実行に移してくれました。

これが、大きなインパクトを生み出しました。毎朝、幹部社員が安全祈願する姿を見たタイ人従業員たちは、工場長以下全員が真剣に職場の安全を守ろうとしていると納得したのです。

当初から、私たち日本人は、タイ人従業員との関係構築を重視してはいましたが、どこかよそよそしい空気が残っていました。その空気が、「ワイ」によって一掃され

たのです。そして、経営と現場の関係が打ち解け、心理的な距離が近くなったことで、職場が活性化していったのです。

人々が大切にしている「信仰心」に敬意を示すことには、絶大なパワーがあったのです。経営書を読んでも、こんなことはなかなか書いてありませんが、現場の声に真摯に耳を傾ければ、この「真理」に出会うことはできるのです。

これをきっかけに、工場長とタイ人部長の関係も徐々に改善していきましたし、タイ人部長も私を「バカ」にすることはなくなりました。こうして、私は、自分にとっても、それなりに居心地のよい職場にすることができたわけです。

このような経験を、私はたくさんしてきました。

もしも、現場で起きていることを踏まえずに、タイ人部長の「ルールを厳しくすれば、事故は減る」という理論を、「上司の指示だから」ということで押し付けていたら、どうなったでしょうか？　事故は減らないばかりか、過重なルールに不満を募らせた従業員たちはモチベーションを下げたかもしれません。そうなれば、なおさら重大事故の危険性は高まったに違いありません。実に、恐ろしいことです。

だから、それ以降も、私は理論家を参謀とみなすことはありませんでした。

すべての「答え」は、「現場」に落ちているのです。「現場」で起きていることを丁寧に観察して、「現場」のメンバーの声に耳を傾ければ、必ず「解決策」「改善策」は見えてきます。「現場」と真摯に向き合うことが、正しくモノを考える出発点なのです。その姿勢を徹底する人こそ、頼れる参謀に成長していくのです。

議論で「勝つ」という思考を捨てる。

11

「論客」に参謀は務まらない

優れた参謀と聞くと、「論客」のイメージをもつ人がいるかもしれません。たしかに、参謀は、意思決定者の代理人として、社内外の関係者と折衝する必要がありますから、議論に弱いようでは任務を果たすことはできません。どんな状況でも、弁舌巧みに意思決定者の意向を、相手に納得させる力量が欠かせないと思われるのも当然だとは思います。

しかし、私は、「論客」には参謀は務まらないと考えています。

なぜなら、「論客」は敵をつくるからです。「論客」とは、立て板に水のように論理を展開し、相手をやり込めるような人物。やりこめられた相手は、納得して意向を受け入れたわけではないですから、「論客」にわだかまりをもつでしょう。そして、「いつか、仕返しをしてやる」と心に秘めるのです。

だから、実は、「論客」という言葉は必ずしも「褒め言葉」ではありません。ある辞書には「第三者による揶揄《やゆ》的表現として使われる場合が多い」と記されています。実際、論客は陰でこう言われているものです。「あの人は、切れ者だけどね……」と。その「だけどね」の後に続く言葉こそが、論客に対する本当の評価なのです。

しかも、相手を論破するようなかたちで、意思決定者の意向を受け入れさせることに、本質的な意味はありません。

議論で負けた人は、本心から納得して従ってくれるわけではなく、理屈で負けたから、仕方なく不本意な同意をしているにすぎません。これでは、形だけの同意であって、自律的な実行には繋がりません。「論理」という力で、相手をねじ伏せることに意味はないのです。

できるだけ「強制力」を使わないのが、マネジメントの原則である

むしろ、それは意思決定者にとっては迷惑なことです。意思決定者は「権力者」であるがゆえに、現場と対等なコミュニケーションを取るのが難しい。どんなに丁寧に接したとしても、そこには「強制」的な関係が生じてしまうからです。だからこそ、「権力者」ではない参謀を代役に立てて、できるだけ強制力を伴わずに、意思決定に対する納得を得ようとしているわけです。

それは、秘書課長をやっていた頃に気づいたことです。

当時の社長は、印象がコワモテの人物でしたから、なおさら、現場からは恐れられていました。ご自身は、そう言葉で話されることはありませんでしたが、それを意識されていたと思われるフシがありました。

だからこそ、課長級で「偉くない」存在だった私を参謀役につけ、現場とのコミュニケーション役をさせることで、ご自身の意思をできるだけ自然な形で社内に浸透させようとされていたのだと思うのです。私自身、社長になって、当時の社長の気持ちを深く実感したものです。

にもかかわらず、参謀が、現場をやり込めるようなことをすれば、すべては台無しです。しかも、現場は、参謀の背後に「権力者」の姿をはっきりと見ていますから、そのような参謀を重用している「権力者」への信頼感をも確実に損ねるでしょう。「論客」の参謀は、率直に言って非常に迷惑なのです。

議論に「勝つ」ことは、参謀にとって「敗北」ですらある

ところが、昨今は、優秀なビジネスパーソンほど、相手を「論破」する技術を磨いている傾向があります。

典型的なのが、ディベートの技術。ディベートとは、ある問題について、異なる立場に分かれて、それぞれの主張を戦わせて、第三者が「勝ち負け」を決めるもの。いってみれば、意見対立を前提とした「競技」のようなものです。

これ自体は、問題を客観的・批判的・多角的に分析したり、自分の立場の正当性を

論理的に構築したり、自分の主張を説得力で伝える筋道を考えたりする「思考力」を養ううえで、非常に有効なものだと思いますが、この技術を参謀の仕事に持ち込むと、混乱をもたらすだけでしょう。

なぜなら、ディベートにおいて相手は「倒す対象」にほかならないからです。この前提が、そもそもおかしい。会社のなかで「同じ釜の飯を食う」同僚は、たとえ立場は異なっても、ビジネスチームメンバー、みな仲間です。仲間を倒して、いったいどうしようというのでしょうか？

たしかに、政権を争っている政治家であれば、ディベートで相手を論破することが「勝利」でしょうが、企業における参謀が相手を論破することは「勝利」でもなんでもありません。むしろ、相手の反感を買うために、経営と現場の間に不信感を生み出してしまうという意味で、「敗北」ですらあるのです。

では、参謀にとっての「勝利」とは何か？

それは、上司の意思を相手に心の底から納得してもらうこと。そして、上司の意思を実現するために、現場が主体性をもって、自律的に実行するようになることにほかなりません。

そして、「勝利」するためには、まず何よりも、自分がどういう存在かを振り返っておく必要があります。参謀は、上司にそのポジションを託されたから「参謀」になれるわけではありません。いままでの日常の仕事や実績の積み重ねの結果、現場からどのように見られているか、どのように評価されているかによって、「参謀」として認められるか否かが決まるのです。

重要なのは、次の二つのポイントです。
第一に、現場を理解しているか？　現場感覚があるか？
第二に、誰の話をも傾聴し、自分の考えが他者から共感を得られるように努力しているか？

現場の人々は、参謀のこれまでの言動から、この基本的な2点を備えているかをじっとみています。そして、この2点が「合格」と認められた人であれば、現場の人々に受け入れられ、「参謀」として機能することができます。そして、この二つのポイントを厳守し続ければ、多少、現場にとっては厳しいことであっても、必ず、参謀の話に耳を傾け、その真意を理解してくれるはずです。

逆に、この基本ができていないと、「論理」の力を振りかざして、相手を「論破」する以外に、現場の人々を説得する手段がないということになります。

ですから、相手を「論破」するしかないという局面に立ったときには、むしろ、「自分のあり方」を振り返るべきです。相手からの信頼というインフラがないからこそ、そのような立場に立たされるのです。そのことを真摯に反省して、日頃の言動を修正し続けることによって、参謀としての資格を獲得していくのです。

自分を俯瞰する「視点」を常にもつ。

12

人々は、参謀の背後にいる「権力者」を見ている

参謀に求められるのは「自分を客観視」する思考力です。

この能力が乏しい人物は、仕事がいくらできても参謀は務まりません。

なぜなら、現場の人々は、参謀の背後にいる「権力者」を見ているからです。

ほとんどの人は、参謀の発言に「異」を唱えるのに慎重になり、できる限りその意向に添おうとするでしょうが、それは、参謀に下手なことをして、権力者から危害を加えられるのを恐れるからです。参謀という役割には、否応なく、そうしたカラクリが組み込まれているのです。

ところが、自分がそのカラクリのなかで仕事をしていることを「客観視」できない人物が散見されます。特に、なまじ仕事ができる人は、参謀として重用される可能性が高い反面、自尊心が強いがために、なおさら簡単にそのカラクリに騙されてしまう

のです。

私も、そのような人物を見たことがあります。

ある部署のトップの参謀役だったのですが、「自分はバリバリと仕事をしているんだ」というプライドや、「自分が上司にどんな提案をしたか」「自分がいかに上司を動かしているか」という思いが外に出てしまう人でした。

もちろん、周囲の人は、そんな彼の言動に適当に合わせます。場合によっては、チヤホヤしてみせることもありました。しかし、それは、彼の背後にいる権力者を意識してのこと。裏での評判はあまりよろしくありませんでした。

彼は、決して嘘をついていたわけではありません。

確かに仕事は非常によくできる人物であり、上司も彼の提案を次々と採用していました。しかし、それを自ら発信して悦に入っているようでは反発を買います。結局、彼は、最後まで自分を取り巻くカラクリに気づくことができないまま、徐々に周囲から浮き上がり、参謀として機能しなくなっていきました。そして、上司がほかの部署に担当が変わり、彼は残されたのですが、あっという間に、周囲の人たちも離れて行ってしまったのです。

現場は参謀に対して、「本当のこと」を伝えるのを躊躇する

問題は、〝参謀失脚〟というだけにとどまりません。「自分を客観視」できない参謀は、さらに深刻な問題を組織に引き起こしかねません。最大の問題は、参謀の背後に権力者を見ている現場の人々が、参謀の意向に表立って「異」を唱えることに、本能的に慎重になることです。その結果、参謀とのコミュニケーションにおいて、なかなか「本当のこと」が表に出てこなくなってしまう恐れがあるのです。

現場から丁寧に扱われることで勘違いをして、〝上から目線〟で、ときに強圧的な態度を取るような人物は参謀として論外ですが、そうではない場合でも、現場はなかなか「本当のこと」を参謀に伝えることができないのが現実。このリスクが存在して

いることを把握しておかないと、参謀が組織に致命的な問題を引き起こす可能性があるのです。

たとえば、本社中枢において、世界中の工場の生産性を一律10％上げるという目標を立てたとします。

当然、順調に生産性を向上させる工場となかなか成果の上がらない工場が生まれますから、本社は生産性の上がらない工場に対して、その理由と改善策をレポートするように要請するでしょう。

ところが、現場からのレポートはどうにも要領を得ない。いくらそのレポートを読んでも、何が問題で、どう改善すればいいのかが明確にならない。そこで、業を煮やした経営陣が、参謀的なスタッフに現地に行って調査したうえで、レポートをまとめるように指示するわけです。

このようなケースにおいて危険なのは、参謀が、生産性を順調に改善している別の工場の取組内容を知っていることです。彼らは、それが「答え」だと決め打ちしてしまう。その「正解」を適用すれば、どの工場でも生産性が上がると考えてしまうのです。受験勉強が得意なタイプの参謀ほど、こうした「正解主義」に陥りやすいことも注意したほうがいいでしょう。

現場を壊す「机上の空論」が実行されるカラクリ

その結果、何が起こるか？

参謀的なスタッフが、成功事例から導き出したストーリーに添った資料を現場に要求してしまうのです。現場は、権力者をバックにした参謀に対して、もともと「異」を唱えづらいうえに、成果を上げていないのだから、なおさら立場は弱い。そして、現場は、参謀が求める資料を提出する「資料提供係」に終始してしまうのです。

これが怖い。参謀は、現場から特段の「異論」が出ないことから、それが「正解」だという思い込みを「確信」に高めてしまう。そして、現場の複雑さに向き合うことなく、もともとあるストーリーを成立させるために必要な資料だけが収集され、それ以外はすべて切り捨てられてしまうわけです。

このプロセスを辿《たど》れば、誰がやっても、理路整然としたレポートができるに決まっています。しかも、成功事例をベースにしたストーリーですから、一見、説得力もある。そして、そのレポートは、本社中枢において支持され、実行へと移されるのです。

しかし、このような施策は失敗を運命づけられています。

現場の〝どうしようもない現実〟が反映されていないのだから当然のことです。

成功事例の工場では最新式の機械が導入されているが、この工場では型が古いのかもしれません。工場の動線の設計が悪くて、従業員に目に見えない過重な負担がかかっているのかもしれません。

あるいは、温帯地の工場と熱帯地の工場では、工場内の気温もかなり違います。快適な温度のなかで働くのと、うだるような暑さのなかで働くのとでは、体力の消耗度は大きく異なります。こうした条件を考慮に入れない解決策など「机上の空論」。役に立つはずがないのです。

〃正解〃を現場に押し付けるのが、恐るべき「愚行」である理由

そもそも、現場というものは、「あっちを変えれば、こっちがおかしくなる」「こっちを変えれば、あっちがおかしくなる」といったことが錯綜する複雑怪奇な「生き物」です。その現場の実情・実態を反映しない「正解＝机上の空論」を押し付ければ、現場はいとも簡単に壊れてしまいます。あるいは、壊れそうな現場をなんとか持ち堪えるために、現場の人々は、それまで以上の苦難を強いられることになるでしょう。

さらには、参謀がつくった「正解＝机上の空論」のお陰でよくなったのではなく、現場の頑張りでよくなったときでも参謀の手柄とされ、よくならなければ、逆に「言ったとおりにしないからだ」と現場が責められるということが起きやすいものです。

こうなれば、状況は深刻です。

一方的に現場を苦しめる執行部に対して、現場には、拭い難い不信感が生まれるで

しょう。あるいは、無理に無理を重ねることで、現場に軋轢が増え、組織のインフラである人間関係が壊れてしまうこともありえます。まさに、組織が根底から崩れる結果を招くわけです。

これは、決して大袈裟な話ではありません。

ここでは製造会社の工場部門のケースを一例に出しましたが、このようなエピソードは、多くの組織の多くの部門で日常的に起こっていると、私は考えています。

あるいは、こうした問題が顕在化していない場合であっても、水面下では同じような現象が起きており、組織全体のモラールが下がり、効率性と生産性を大きく損ねているところも多いのではないかと考えています。

そして、何らかのきっかけで、問題が顕在化したときに、慌てて執行部が「調査チーム」を立ち上げて現場に派遣しても、現場は本心・事実を明かすことはありません。執行部が求めているであろう、レポート受けする〝もっともらしい理由〟を提供するだけでしょう。

これは、現場の責任ではありません。数々の「正解＝机上の空論」を強制し、現場をそのように〝教育〟してきた執行部の責任です。「調査チーム」だって執行部と同類項ですから、本来の機能を発揮するはずがない。その結果、経営に起因するルートコーズ（根本原因）に迫ることができず、問題解決がきわめて困難になるのです。

もちろん、こうした現象が起きる原因は、参謀のあり方だけにあるわけではありません。社長をはじめとする経営陣が、現場の〝どうしようもない現実〟を知ろうともせず、安直な「正解」を求めていることこそが、真因であるケースが大半なのかもしれません。

しかし、参謀のあり方も重要なファクターであることは疑いありません。いや、経営陣が現場感覚を失っているとすれば、そこを補完することこそが、参謀の果たすべき役割なはずなのです。

そのためには、現場から自分はどう見えているかを客観的に認識することが、きわめて重要です。現場の目には、参謀の背後に権力者の姿が見えていることを認識していれば、現場から「本当のこと」を聞き出すには、細心の注意が必要であることがわかるはずです。そして、現実には全く機能しない「正解」を現場に押し付けるような「愚行」を避けることができるはずなのです。

参謀は「1円」も稼いでいない。

「参謀」は絶対に目立ってはならない

参謀に対して、現場は「本当のこと」を口にしにくい――。

これは、組織における真理です。現場の目には、参謀の背後に「権力者」の姿が見えていますから、参謀の意向にできるだけ添おうとしてしまう。このことを認識しないまま現場に向き合えば、現場の「本当の問題」を把握することは不可能。そして、現実には全く機能しない「正解」を現場に押し付ける「愚」を犯してしまうのです。

だから、私は、秘書課長を拝命したとき、絶対に目立ってはならないと考えました。もともと私は派手な性格ではありませんでしたが、徹底して「地味」な存在であろうと心がけたのです。社長の〝威を借るキツネ〟と見られたら終わりですし、〝無邪気〟に「自分が上司にどんな提案をしたか」などとアピールするのも論外。「いるかいないかわからない」くらいでちょうどいい。現場から反感をもたれたり、警戒されるリスクを最小化しなければ、期待された役割を果たせないと考えたのです。

そして、現場にはできる限り、こちらから足を運び、相手の話を「聞く」ことに徹しました。もちろん、私には、社長の意向を現場に伝えて、それを実行してもらう使命がありますが、それを押し付けようとしても「面従腹背」を生み出すだけ。下手をすれば、現場には単なる〝悪代官の手先〟にしか見えません。それよりも、相手の話を「聞く」ことに徹することで、現場が「本当のこと」を教えてくれるようにしたほうがよいと思ったのです。

現場で「辛酸」を舐めることでしか、理解できないことがある

このように考えた原点には、私の現場経験があります。

私は、ブリヂストンに入社して以来、本社勤務の機会は少なく、タイや中東などの工場や営業で現場経験を積んできましたが、本社中枢から派遣されたスタッフとの関係で苦慮することが非常に多かったのです。

そんな経験を繰り返すなかで、自分が本社中枢のスタッフになったときに、現場か

らどう見えるかを骨身に染みるように学ばせてもらってきました。現場で「辛酸《しんさん》」を舐めることによってしか、理解できないことがあると思うのです。

エピソードをご紹介しましょう。

あれは入社3年目、タイに赴任していた頃の話です。

ある日、唐突な指令が飛んできました。当時、バンコク市内にタイ・ブリヂストンの物流センターを建設していたのですが、完成した暁《あかつき》には、その物流センターの長をやるようにと命じられたのです。

物流センターは3階建。毎日、工場から直送されてくるタイヤを、バンコク一円の小売店に配送する役割を担う。わかっていることはそれだけ。そのほかは、センター長を私がやること以外、何も決まっていませんでした。

「あとは、自分で考えろ」というわけです。正直、「無茶苦茶だな」と思いましたが、それだけ自由裁量があるということ。そのときは「面白いじゃないか」という気持ちもありましたが、その「楽観」がすぐに打ち砕かれることになるとは思いもしませんでした。

まず着手したのは、人集め。

数十人の「クーリー(苦力)」を現場作業員として集めましたが、集まったクーリーたちはみな迫力満点の男たちでした。体格がよく、眼光も鋭い。上半身裸で、背中や腕には入れ墨が入っています。当初は、内心びくびくしながら指示を出したものですが、彼らは気性は荒いけれども、人懐っこくもあり、和気あいあいとしながらの船出となりました。

現場が「怒り」に震えた本社スタッフの言動とは?

ところが、物流センターの稼働直後から、現場は大混乱に陥りました。

なにしろ、私を含めて全員が物流の素人です。工場から毎日、どんどん送り込まれてくる多種多様なタイヤを手際よく受け入れ、決められた場所に収納するとともに、配送先ごとにタイヤをまとめて出荷していくのは至難のわざでした。

事前に考えていた「仕組み」は早々に崩壊。大混乱を制するために、私は現場を走り回って指示を出しましたが、まさに〝焼け石に水〟。あまりの物量を前に、日に日に混乱は増すばかり。気性の荒いクーリーたちに、「ちゃんと仕切れ」と詰め寄られて、震え上がったこともありました。

とはいえ、物流センターを止めるわけにはいきません。

工場は24時間体制でタイヤをつくり続け、それのかなりの部分が物流センターに送り込まれてきます。そして、納期どおりに多数の小売店に配送しなければ、タイ・ブリヂストンのビジネスは崩壊。まるで戦場のような現場のなかで、なんとか自分たちでやりくりするしかない。全力で走りながら、機能する「仕組み」を試行錯誤でつくっていくほかない。そんな状態で、どうにかこうにか日々を乗り切っていきました。

そして、迎えた6月の中間決算――。

本社の管理部門のスタッフが、棚卸しの在庫チェックに来ました。

結果は、散々でした。在庫管理台帳と実在の数が合わない。個別入出庫伝票と台帳が合わない。ものすごい数のタイヤが、ほぼ無管理状態にあることが白日のもとに晒されたのです。本社のスタッフは激怒。私たちを、ボロクソに非難しました。

もちろん、反論はできません。

まったく在庫管理ができていなかったのは事実。

謝るほかありません。

しかし、これには無性に腹が立ちました。

本社はエアコンが効いていてほぼ定時退社だが、こちらは毎日、猛烈な暑さと湿気の中、真っ黒になりながら夜中まで死に物狂いで働いている。ゼロから物流センターを立ち上げて、タイヤをさばくだけでも塗炭《とたん》の苦しみを味わってきたのだ……。

それをねぎらう言葉など一切なく、ただただ仲間たちをボロクソに罵倒《ばとう》するだけの本社スタッフ。しかも、「タイヤを触ると汚れるから」と、私たちには支給されない白い手袋まではめている。クーリーたちはもちろん、私もさすがにカチンときました。

一方的に罵倒されながら、体が震えるほどの怒りを感じていました。

現場の責任者は、「孤独」な戦いを強いられる

ただ、紛れもなく、非はこちらにあります。

在庫管理が全くなっていないのは事実。そして、会社としては、現場に在庫管理の適正化を求めるのは当然のこと。なんとかしなければならない。あのとき、私は孤独でした。本社スタッフからは罵倒されるだけ。そして、私の指示に従ってがんばってきてくれたクーリーたちは、このような事態を招いた責任者である私に対して強い反発心をもっていることは明らかでした。

しかも、クーリーたちに、在庫管理の重要性を説明してもほとんど意味がありません。「会社のことなんて知ったことか。指示された仕事をするのが、俺たちの仕事だ」というのが彼らの論理なのです。

それに、彼らに在庫管理のアイデアを求めても仕方がありません。だから、すべて

の責任は私ひとりにある。責任者である私が、適正な在庫管理ができる「仕組み」を つくって、彼らの協力を得ながら、できるだけ早く「成功」してみせる以外に道はない。孤独ではありましたが、それ以外に道はなかったのです。

どうすればよいか？

私は、二つの「仕組み」を考えました。まず人員の増強です。これまでの現場の主役はクーリーたち。事務作業を得意とするスタッフ職の人数は絞っていました。そのため、クーリーたちに、タイヤの搬入・搬出、倉庫内での積み上げ・積み下ろしなどの肉体作業に加えて、彼らが苦手とする伝票と現品の照合作業までもやってもらっていました。この仕組みを変えなければ、状況を改善するのは不可能だと考えました。

そこで、本社に頭を下げて、スタッフ職の人員増を依頼。しかし、スタッフ職の数は厳しく管理されていますから、簡単にはＯＫが出ません。「なぜ、自分がこんなに頭を下げなきゃいけないんだ」という気持ちを抑えつけながら、現場の状況を必死で訴え続け、ようやくのことで、不十分ではありながらも、スタッフ職の補充を認めてもらうことができました。

そして、クーリーたちには、得意な肉体作業に専念してもらい、スタッフ職が伝票と現品との照合などの事務作業を厳密に行う仕組みに移行しました。しかも、チーム制を採用して、ダブルチェック、トリプルチェックを行うことで、在庫管理の高度化を図ったのです。

「力」で現場は動かない、現場を動かす「仕組み」が必要だ

さらに、もうひとつの「仕組み」を加えました。

毎日、終業後に、私を含むメンバー全員で棚卸しをやるのです。

クーリーたちからは悪評ふんぷん。それはそうです。１日の労働で疲れ切っているのに、在庫台帳と現品が合っているかを全数チェックするのですから……。在庫台帳と在庫が合わなければ数え直し。数が合うか、数が合わない理由が明確になるまで、帰宅させません。「スタッフ職が厳密にチェックしているのだから、こんな面倒なこ

とする必要はないだろう」と彼らが不満をもつのも仕方のないことではありました。

しかし、私は「やってくれ」と譲りませんでした。

なぜなら、スタッフ職の増強によって、日常業務の仕組みを変えたことが、本当に有効であることを、できるだけ早く証明したかったからです。実際に、終業後に棚卸しをすると、ほぼ数字は合っています。「事実」は強い。自分たちの仕事がよい方向に向かっていることを実感したクーリーたちは、徐々にやる気を回復して、張り切って仕事をしてくれるようになっていきました。

しかも、毎日、棚卸しをしているのですから、期末の棚卸しでも間違いなく数字は合うはずです。私にとっても、クーリーたちにとっても、次の期末棚卸しは、屈辱を晴らすために、絶対に勝たなければならない勝負でした。だから、私は、必勝の作戦を取ったわけです。

そして、数ヶ月後――。

期末棚卸しのために、例の本社管理担当のスタッフがやってきました。

白い手袋をはめてチェックを開始。私たちは、「どうだ、完璧だろう？」「驚くなよ」という気持ちで、その一挙手一投足を見つめていました。すると、徐々に、彼らの表情が変わっていくのがわかりました。前回とあまりに違う管理精度に驚いているのは明らかでした。

結果は、完全勝利。「在庫差異僅少」との評価でした。しかも、「差異理由」も、私たちは明確に説明することができましたから、難癖をつける隙も与えませんでした。前回、私たちを罵倒した本社スタッフは、神妙な面持ちで「格段によくなった」と褒めざるをえなかったのです。

本社の「要求」を押し付けると、組織は脆弱になる

「ようやくあいつらの鼻を明かしてやったな！」

本社スタッフを送り出すと、私たちは大盛り上がり。

その夜は、倉庫に丸テーブルをセットして、急ごしらえの宴会を開きました。薄暗

い数個の裸電球の光のなか、仕出しの中華料理をみんなでつつきながら、かなりクセの強いタイ焼酎「メコン」で乾杯を繰り返しました。

これは楽しかった。

筋骨隆々のクーリーたちが、「お前、気に入ったよ」と言いながら、私と肩を組んでくれるのは嬉しいのですが、酔いも手伝って力がものすごい。首が折れるんじゃないかというほど痛かったことをよく覚えています。

私は、小柄でヒョロヒョロでしたから、まるで巨漢のクーリーたちに小突き回されてるようにしか見えなかったかもしれませんが、私の職業人生において、最も嬉しかった瞬間と言っても過言ではありません。

こうして、みんなの協力のおかげでハッピーエンドに終わったのですが、こうした経験を現場で何度もしてきた私は、本社スタッフの「あり方」については、人一倍考えることが多かったと思います。

本社スタッフは、経営の決定事項や、社内規定の遵守などを現場に求め、その遂行状況をチェックする役割を果たします。だから、先ほどの管理部門の本社スタッフも、単に、自分たちの業務を遂行したにすぎないとも言えるでしょう。

しかし、私たちが日々、真っ黒になりながら夜中まで必死になって働いていたことを知ろうともせず、「在庫管理がなっていない」と罵倒することに意味があるでしょうか？

それは、ただ現場の責任者を孤立させる結果を招くだけではないでしょうか？

そして、経営と現場、本社中枢と現場の間に「不信感」を生み出し、会社組織を脆弱にするだけではないでしょうか？

本社中枢の参謀は、「1円も稼いでいない」と心得る

だから、私は、秘書課長になったときに、現場に何かを要求するときには、まず、現場の話を「聞く」ことを徹底しました。そのうえで、現場に要求することが会社に

とっていかに重要なことであるかを、腹の底から理解してもらえるように丁寧に説明。そのうえで、現場がその要求を実現するために、一緒に知恵を絞り、サポートするスタンスを明示するように心がけました。

よく、現場が困っているならば、本社にサポートを依頼すればよいではないかと言う人がいますが、それは現場の気持ちを知らないだけのこと。現場にすれば、本社に何かを求めるのは、非常に心理的ハードルが高いものです。

私も、タイの物流センターの体制強化のために、人員補強を求めるのには非常に苦労しました。あのような思いをさせるのではなく、本社サイドから、そのような提案をしてあげるべきなのです。そのときはじめて、経営と現場の間に「信頼感」が生まれる。組織の根源的なインフラが強化されるのです。

会社を動かし、利益を出しているのは現場です。

「1円」たりとも稼いでいない本社は、現場に食べさせてもらっているのです。

だから、本社が現場のお手伝いをさせていただくというのが正しい認識。

その認識のない人物に、参謀など務まるわけがないのです。

14

コンサルタントはあくまで
「使う」ものである。

「戦略」立案をするうえで、社内の人間には「限界」がある

会社組織というものは「人工的な構築物」です。

だから、経営に問題があるならば、その構築物を適切に組み替えればよいと、私は考えています。要するに、自社が置かれている状況を正しく把握・分析するとともに、経営の「あるべき姿」を明確にし、会社の構造とそのレベルを「あるべき姿」へと移行させていくために、経営資源を組み替え、対応する組織を作ればいい。誤解を恐れずに言えば、積木を組み替えるようなものなのです。

そして、積木をどのように組み替えていくかという「戦略」を策定するのは、決して容易なことではないものの、自社の現場・現実を直視して、ロジカルに考え抜けば、必ず「打ち手」は見えてくるものです。

しかし、社内にいる人材は、会社の現状を客観的に見ることが難しい。

それまでに社内で共有されてきた「常識＝パラダイム」に無意識的に囚われるうえに、社内の人間関係や社内外の政治的なしがらみにも縛られるために、現状分析に歪みが生じたり、改革に手加減を加えたりしがちだからです。経営改革をする主体が社内の人間であるのは当然のことではありますが、社内の人間であるからこそ不可避な限界があることは、謙虚に認識しなければなりません。

そして、そこに外部のコンサルタントの存在意義があります。

彼らが、事業分析などに専門性を有することはもちろん重要ですが、その最大の存在意義は、社内の「常識＝パラダイム」に囚われないために、より客観的な事業分析ができるとともに、人間関係や社内政治とも無関係であるがゆえに、それらの要因によって思考を歪ませることなく、より本質的な改革案を提示することができることにあります。

そのため、優秀なコンサルタントであれば、全体状況を把握している社内の人間からすれば、「やっぱり、そういうことか」と腹落ちする戦略提案をしてくれることが多いと言えるでしょう。

外部コンサルタントには、避け難く「功罪」がつきまとう

ただし、コンサルタントの限界もしっかり認識しておく必要があります。まず、彼らの戦略提案は〝大きな画〟としては有益でありつつ、それを〝丸飲み〟したら失敗が決まったも同然だということがあります。

なぜなら、彼らは外部の人間であるがゆえに、会社の現場の〝どうしようもない現実〟や、組織に自然に生ずるセクショナリズムや派閥などの〝社内政治の現実〟を深く認識することができないからです。

それゆえに、彼らが提案した戦略を、そのまま「実行」しようとすると、社内に大きな軋轢を生み出し、改革が頓挫してしまう結果を招くことが多いのです。場合によっては、そこで生じた軋轢によって組織がガタガタになり、レームダック（死に体）になる会社もあります。

これは、〝コインの裏表〟のようなもので、彼らが社外のプロフェッショナルだからこそ、より客観的かつ本質的な戦略提案が可能になる一方で、それがゆえに「実行性」に乏しいものになってしまうということです。そして、〝コインの裏表〟である以上、この二つの要素を同時に満たすことはあり得ないと考えたほうがいい。

にもかかわらず、コンサルタント会社のなかには、コンサルタント契約のなかに、その会社が提案した内容を一切修正してはならないという趣旨の条項を入れるところがあります。これには、私は非常に批判的で、外部のコンサルタントの提案は、必然的に「実行性」に乏しいものになるのだから、適切に修正することこそが、経営改革を成功させる必須の条件だと考えています。

そして、ここで重要になるのが社内参謀の存在です。

なぜなら、意思決定者よりも現場に深く通じている参謀こそが、外部のコンサルタントの戦略提案の「実行性」を最も正しく検証し、意思決定者に進言しうるポジションだからです。

実行できない戦略は「戦略」と呼ぶに値しませんから、実行プロセスを生々しくイメージしつつ、そこから逆算しながら、戦略に実行性を備えさせる参謀の存在は、経営改革の成否を左右すると言っても過言ではありません。

経営者を〝転がすプロ〟であるコンサルタントに注意する

ところが、ここに〝落とし穴〟があります。

現場から離れている、または、現場・現実感覚がない経営層の目には、ときに、理路整然としたコンサルタントの戦略提案が非常に魅力的に映るからです。根拠となるデータも完璧に揃っている。論理的にも完璧に整合性が取れている。そして、明快な「未来展望」が描かれている。そんな提案書に、すっかり魅入られてしまうわけです。

意地悪な見方をすれば、コンサルタントのなかには、そのように経営層を〝転がす〟という意味でのプロフェッショナルと言い得る人物もいます。見栄えのいいプレゼンテーション資料を作り上げ、自らの提案を説得力をもって説明するのが、彼らの仕事とも言いうるのです。基本的に、コンサルタントの「商品」は提案書であり、それを納品すれば業務は完了。結果責任を負わないのだから、そういうコンサルタントがいるのも当然のことでしょう。

さらに問題なのは、コンサルタントが戦略提案をするのみならず、実行まで請け負うケースです。こちらは、より大きな問題を生み出す可能性があると認識しておく必要があります。

注意点は二つ。一つ目は、コンサルタントが実行まで請け負う場合には、契約を短期限定とし、結果は厳しく問うべきです。二つ目は、実行段階では、彼ら自身での関与を最低限にさせて、出来る限り自社の人間で実行すべきだということです。

最悪なのは、長期契約にしたうえに、時間の経過とともに、コンサルタントに「丸投げ」「お任せ」にしてしまうことです。契約時は、トップや経営層も、強い関心をもっていますが、時間の経過とともに関心が薄れていってしまうのです。

その結果、コンサルタントがかなりの人間を社内に送り込み、現場がコンサルタントの指揮下に入ってしまうことがあります。そして、コンサルタントが、力づくで「短期の結果」を〝絞り出して〟しまうのです。

コンサルタントが、会社に「ダメージ」を与えるメカニズム

これでは経営改革にはなりません。

いや、経営〝改悪〟というべきでしょう。たしかに、力づくで現場を動かして、「短期の結果」を〝絞り出す〟ことはできるかもしれませんが、その結果、現場が疲弊するうえに、「長期的・持続的に結果」を生み出す仕組みが壊れるとすれば、企業は逆に弱体化しているというほかないからです。

そもそも、企業体力をつけるとは、自社の普通の能力の人間たちが、自分たちの頭で考え、自分たちが試行錯誤する――すなわち「自分たちの力」で――「持続的に成

長する」組織をつくり上げることにほかなりません。頭のよい、高給取りのコンサルタントがよってたかって、現場に押し付けた「改革」が定着するはずがないのです。

むしろ、コンサルタントが過度に介入することによって、社員の「仕事に対するオーナーシップ」「自発性」を失わせ、「指示待ち族」へと転落させるという、致命的な結末に至る可能性すらあるのです。

しかも、多少の結果が出たとしても、長期間にわたって自社に入り込んだコンサルタントに支払うトータルコストのほうが大きいことも、よくある話。安易に、コンサルタントに実行プロセスを任せてしまうと、二重三重に会社にダメージを与えかねないのです。

コンサルタントは、最終的な「結果責任」を負えない

もちろん、すべてのコンサルタントがそうであるというつもりは全くありません。

私自身、我が社のことを親身になって考えてくれる、極めて優秀なコンサルタント

とは、現在も親しくさせていただいています。

しかし、コンサルタントという「商売」を冷静に観察すれば、「調査・企画まで」という契約であっても、「実行まで含む」という契約であっても、事業の最終的な「結果責任」にはコミットしないし、できもしないことは明らかでしょう。その責任は、常に会社側にあるわけですから。

その限界を踏まえれば、コンサルタントに任せ切るのはあまりにも危険であり、その能力を活かせるかどうかは、コンサルタントを活用する自社の能力次第ということになります。

そして、ここに参謀の重要な役割があります。

自社の現場・現実を知る参謀は、自社での「実行性」の観点から、コンサルタントの提案を徹底的に検証して、上司である経営層に対して、問題点を的確に指摘しなければなりません。万一、レポートの見栄えはいいが、自社での「実行性」に乏しい提案の採用を、経営層が決めてしまえば万事休す。会社を混乱へと陥れてしまうことになるでしょう。

「現場・現実」を知る参謀が、経営者を守らなければならない

それは、実に怖いことです。

鮮烈な記憶として、忘れられないことがあります。

かつて、経営が悪化した海外企業を買収し、経営統合に動き出したばかりの頃のことです。実際に経営統合を開始するにあたって、調査チームがその会社の実態を調査したのですが、調査結果の報告会において発表された「総合評価」が驚くべきものだったのです。「この会社の経営層は指示待ち族ばかりだ」というのです。

チームメンバーは異口同音にこう主張しました。

「率直に言って、この会社の社長の意識は別かもしれないが、経営のオーナーシップを失った執行担当の経営層は、自分の頭で考えない、自分の意見を持たない、発言しない、無責任の烏合の衆になっている」

そして、その主な原因のひとつが、〝経営改革〟と称して、何社ものコンサルタント会社が入り込んで、全く結果が出ない多くの改革プロジェクトを、彼らの指導の下に何年も延々と続けていたことにあると結論づけたのです。

大会社が、自らの意思を失った、死にかけた巨象になっていたということですから、実にショッキングな報告でした。そして、その会社との経営統合を始めるにあたって、まず第一に、〝経営改革〟を担当していたコンサルタント会社との契約をすべて破棄することから着手することにしたのです。

ただし、このようなひどい事態を招いたのは、コンサルタントのせいではなく、むしろ、彼らの言いなりになって、結果も出ていないのに、ズルズルとコンサルタント契約を続けてしまった経営陣と、その参謀たるべき人々の思考力の弱さに問題があったというべきでしょう。

必要であれば、コンサルタントの知恵を使うことは何の問題もありません。しかし、コンサルタントは、あくまでも「使う」ものです。意思決定や実行のオーナーシップは「使う側」が堅持しなければなりません。その意識を失ったときに、会社は「意思のない烏合の衆」になり、根本から腐っていくおそれがあるのです。

そのような事態を避けるためには、自社の「現場・現実」を知る参謀が経営層をしっかり守らなければなりません。その意味で、参謀は、自社の命運を左右する重要な役割を担っているのです。

第4章

「原理原則」を思考の軸とする

15

トップと「ビジョン」を共有する。

「会社はどうあるべきか?」という
ビジョンを描けているか?

「誰かの意見を聞いてみたい」

私が社長だった頃、難しい意思決定を強いられたときに、しばしば社内の主だった人々の顔を思い浮かべたものです。

もちろん、相談相手は、そのときのテーマによって変わります。専門的な問題について知りたいときは、担当部署の責任者に聞きますし、市場の状況を知りたいときには、責任者だけではなく現場をよく知る担当者に声をかけることもありました。

しかし、頻繁に相談する人はごく限られていました。特に、経営全般にかかわる高度なテーマのときには、相談相手はほぼ決まっていました。彼らこそ、私にとって、まさに「参謀」と呼ぶべき存在だったのです。

そして、彼らには共通点がありました。

一言でいえば、「自分の利益」「自部署の利益」を離れて思考する力があったのです。もちろん、それなりの実績、知識をもっている点も共通していますが、それは社内の主だった人々は誰もが備えているもの。それだけでは参謀としての要件を備えたことにはなりません。その条件を備えたうえで、「自己利益」を度外視してモノを考えられるかどうかが決定的に重要なのです。

これは当然のことで、「全体最適」を考えるのが経営であって、部門ごと、担当者ごとの「部分最適」にこだわる人は参謀としては不適格。たとえ、自分の個別的利益には反するテーマであっても、「全体最適」と照らし合わせて合理的な思考ができる人物でなければならないのです。

ただし、ここで重要なポイントがあります。

「全体最適」を図るとは、社内に存在するさまざまな利害を「調整」することではない、ということです。むしろ、そのような発想をする人物は、社長として意見を聞きたいとは思わない。なぜなら、そこには、「会社はどうあるべきか？」というビジョンがないからです。この「ビジョン」を高いレベルで描けていない人物とは、対話そのものが成り立たないのです。

そして、「全体最適を図る」とは、「会社はどうあるべきか？・」という理想像・未来像を実現するために、「部分最適」を超えて、創造的に社内のリソースの配分を考えることにほかなりません。つまり、参謀に求められる根本的な資質は「調整力」ではなく、「会社のあるべき姿」を描くビジョンを形成する力であり、そのビジョンを実現するための「創造力」なのです。

不運と思われる状況のなかに「幸運」が隠れている

その点、私は幸運に恵まれました。

私は、入社2年目で、当時、工場立ち上げ真っ最中だったタイ・ブリヂストンに異動。当初は張り切っていたのですが、実際に異国に放り込まれると、想像もしなかったような苦しい経験を強いられました。

タイは事業を立ち上げる真っ只中でしたから、少ない日本人駐在員で膨大な量の業務をこなさなければなりませんでした。上司には、私を手取り足取り指導する時間的余裕はありません。そんななか、価値観の異なるタイ人たちと、ゼロから事業を立ち上げるという困難な状況に放り込まれたわけですから、非力な若造だった私が苦労しないわけがありません。

正直、会社を辞めて、日本に逃げ帰りたいと何回か思いました。しかし、当時、海外の給料は国内よりかなり多かったとはいえ、航空運賃は今よりはるかに高かったのでとても支払えない。逃げようにも逃げられなかったのです。


しかし、その不運と思われる状況のなかに幸運が隠れていました。

当時は、ブリヂストンにとって海外進出の黎明期でしたから、タイ工場には本社の社長・副社長・本部長などのトップ層が頻繁に来ていました。もちろん日帰りというわけにはいきませんから、夜には日本人駐在員一同、トップ層とともに食事をする機会が訪れます。そこで、私は、その後40年にわたるビジネス・ライフを貫く、大きなビジョンと出会うことができたのです。

入社2年目にして、「ビッグ・ビジョン」の洗礼を受ける

もちろん、入社2年目のぺーぺーですから、会食の際には、隅っこの席に座って、交わされる会話を聞くだけです。しかし、そこでトップ層が語り合っていた話の内容がとにかく面白かった。

世界のタイヤ業界がどんな状況にあるか？　そのなかでブリヂストンはどうやって成長し、生き延びていくことができるのか？　普通ならば、入社2年目の若造が触れることができないような、壮大なビジョンが語り合われたのです。

ブリヂストンは当時、日本ではすでに「超優良企業」の仲間入りを果たしていましたが、世界規模で見れば、世界シェア10位の〝極東のちっぽけな存在〟でしかありませんでした。そして、〝小粒で超優良企業〟ということは、タイヤ業界において、と

てつもなく危険なことだったのです。

タイヤは国際規格商品ですから、国境などあってなきがごとし。参入障壁など一切ありませんから、世界中のメーカーが〝食うか食われるか〟の熾烈な戦いを繰り広げるタフな世界です。そして、〝食われる〟のは事業規模で劣る者。つまり、〝小粒で超優良企業〟であるブリヂストンは、世界にひしめくグローバル・ジャイアントにとっては、「食べやすく、美味しい会社」にほかならなかったのです。

もちろん、〝食われる〟のを座して待つわけにはいきません。

だから、生き残りをかけて、海外に進出して、他社を〝食っていく〟しかない。この大きなビジョンのもと、グローバル・ビジネスの先兵として設立されたのが、タイ・ブリヂストンだったのです。シンガポールにも進出したのですが、間もなく撤退を余儀なくされましたから、残ったタイ・ブリヂストンへの会社の期待は非常に高いものでした。

「ビッグ・ビジョン」が、現場の仕事に「意味」を与える

そして、タイではすでに、ブリヂストンよりも事業規模がはるかに大きいグローバル・ジャイアントのファイアストンが先行して進出しており、ほぼ独占に近いシェアをとっていました。そこに極東の小さなブリヂストンが、いわば〝殴り込み〟をかけたわけです。

ところが、世界は甘くない。

その翌年には、当時、世界トップシェアを誇っていたグッドイヤーまでもがタイに進出。先に陣地をとっているマグロを相手に、イワシが戦いを仕掛けているところに、「その陣地を寄越せ」とばかりに、クジラが割り込んできたようなものです。

本社では、「タイはもうダメだ。ファイアストンとグッドイヤーを相手にして勝ち目はない」などという声も出ていました。しかし、ここでファイアストン、グッドイ

ヤーに勝てないようでは、いずれ食われる。なんとしても勝たなければならないんだ。さて、どうするか……。

このような話を、トップ層は、入社2年目の私の前でも包み隠さず話してくれました。さらに、タイで、グローバル・ジャイアントに勝つために戦略・戦術についても議論を戦わせていました。

こうした議論に直接触れることで、私は、日々、自分が這いずり回っている現場の仕事の「意味」を理解できるようになるとともに、自分が現場で果たすべき役割についても考えさせられるようになっていきました。

トップと「ビジョン」を共有しなければ、参謀は務まらない

これは、私にとって「幸運」にほかなりませんでした。

なぜなら、たかだか入社2年目の私が、会社が生き残るためには、グローバル・シ

ェアを拡大する以外に道がないという「ビッグ・ビジョン」の存在を知ることができたからです。その「ビジョン」は、苦しい日々の仕事に「意味」を与えてくれたのみならず、「ビジョン」を実現に近づけることに、自分のビジネス人生の目標を重ねることができたのです。

そして、約20年後、私が秘書課長に抜擢されたのも、この「ビジョン」のおかげではないかと思います。

実は、私を秘書課長に抜擢した社長は、入社２年目でタイに赴任したときに、タイ・ブリヂストンのナンバー２を務めていた人物でした。つまり、その社長と私は、「ビジョン」を共有していたということ。そのような人物は、私以外にも何人もいたので、なぜ、私を指名したのかはわかりませんが、社長が、「ビジョン」を共有している人間のなかから選択したのであろうことは、まず間違いないと思います。

実際、その社長は、ファイアストンとの事業提携から買収へと〝舵を切る〟決断をしたわけですが、その判断の源には、ブリヂストン代々のトップ層で大河のように受け継がれてきた「ビジョン」がありました。この「ビジョン」を共有する人間でなければ、ファイアストンとの共同事業・買収という一大事業を遂行するうえで「参謀」として機能することは不可能だと、社長は考えたはずなのです。

これは、私自身が社長になって実感したことでもあります。

社長として判断に迷ったときに、相談したいと思う相手は、端的に言うと「話の合う」人物です。もちろん、それは性格の相性がよく、話が弾むという意味では全くありません。性格も経歴も専門性も全く一致してなくていい。私の「話の合う」というのは、自分が思考の根底に置いている「ビジョン」を共有しているか否か、この一点に尽きました。

「ビジョン」を共有していれば、「問題意識」のレベルも一致していますから、いきなり議論の核心に触れることができます。しかも、「ビジョン」をもっている人物は、自分や自分が所属する部門の「個別的利益」を超えて、会社が「あるべき姿」に近づくために、創造的な思考を働かせます。

　そして、社長という役職を担う私とは異なる「観点」で、ときに、私の意見とは異なる見解を述べてくれる。これこそが、不完全な人間である私を補ってくれる、頼もしい参謀の「あり方」なのです。

仲間と力を合わせる「楽しさ」を知る。

16

〝頭でっかち〟になってはいけない

トップと「ビジョン」を共有する――。

これは、参謀として機能するためには非常に重要なポイントです。

企業を取り巻く状況、時代の流れ、業界の歴史などを把握したうえで、「自社のあるべき姿＝ビジョン」を、トップと同レベルで思い描くことができない人物が、参謀として認められることはないからです。

そのためには、若いころから、直属の上司のみならず、社内の上層部との接点を増やし、会食などの場も含めて、彼らが語る「ビジョン」に触れる機会をつくることは、非常に重要なことと言えるでしょう。

あるいは、他社のしかるべき人物との交友関係を通じて得られるさまざまな情報も、そうした「ビジョン」を磨くうえでは有効ですし、読書を通じて、「政治」「経済」「歴史」などの教養を吸収して見識を高めることも、「ビジョン」のレベルを向上させるには欠かせないことと言えます。

ただし、それだけでは足りません。

いや、「それだけ」では、下手をすると、〝頭でっかち〟な人間になってしまう恐れがあると言うべきかもしれません。読者の皆さんも思い当たる節があるかと思うのですが、いわゆる〝事情通〟で、いっぱしの「ビジョン」を語ったり、ときには、会社の施策を批評するけれども、その人自身は、決められた仕事をやっているだけで、特筆すべきことは何もやっていないという人物はいるものです。

それでは、参謀の役割は果たせません。

これまでも繰り返し述べてきたように、「実行」に結びつけるのが参謀の大事な役割ですから、単なる〝事情通〟や〝批評家〟では、参謀が務まらないのは当然のことでしょう。

ですから、トップと同じレベルの「ビジョン」を描けるように研鑽《けんさん》するのはもちろん重要なことですが、それ以上に大切なのは、目の前の仕事において、自分なりの

「理想」や「ビジョン」を思い描いて、周囲の人たちを巻き込みながら、それを実現する経験を積み重ねることです。もちろん、一社員が実現できる「理想」「ビジョン」の規模は小さいかもしれませんが、それを実現する経験こそが大切だと思うのです。

「こんなふうになったらいいな」を実際にやってみる

別の言い方をすれば、もっと仕事を楽しめばいいのです。

会社員とは、基本的には、会社に与えられた仕事を、きちんとやり遂げることで給料をもらうものかもしれません。しかし、単に、与られた仕事をこなすだけでは面白くありません。たかだか１㎡のデスクにかじりついて、命じられた仕事をこなしているだけでは、人生つまらないですよ。会社に貢献するという前提のもと、自分が「面白い」と思うことをやってみるのが正解なのです。

そもそも、この世の中には、「完成された仕事」というものはありません。

どんなに完成されたように見える業務システムが構築されている職場であっても、必ず、改善できること、新しくできることはあります。実際、皆さんも、「こんなふうになったらいいな」「もっとこんなふうにすればいいのに」と思ったことがあるはずです。その思いこそが、「理想」「ビジョン」なのです。

その思いを我慢して、命じられたことをやり続けるよりも、改善策を上司に提言して、実際に変える努力をしたほうが楽しいに決まっています。しかも、それが魅力的な提案であれば、周囲の人たちも、「それいいね」と共感してくれて、力を貸してくれるに違いありません。そして、周囲の人たちと力を合わせて、「理想」「ビジョン」を実現するプロセスこそが、仕事の醍醐味であり、面白さなのです。

仲間と「新しい価値」を生み出す楽しさを実感する

私が、はじめてその楽しさを知ったのは入社3年目のことです。

タイ・ブリヂストンの販売担当だったのですが、当時、販売現場では、販売売掛金の回収が滞るという問題が持ち上がっていました。そこで、上司から、タイ人営業マンをリードしながら不良債権の回収をするように命じられたのです。

不良債権の回収は、なかなか手強い仕事です。相手も事情があって売掛金の支払いができないのですから、なんだかんだと理由をつけて、ふにゃふにゃとかわしてくる。一筋縄ではいかないわけです。しかし、そんな相手を押したり引いたりしながら、不良債権を回収するコツをつかめば、それなりの成果が出るようになっていきました。

ところが、成果に反比例するかのように、タイ人営業マンたちの士気は下がる一方でした。というのは、不良債権の回収という仕事は、新しい価値を生み出す仕事ではないからです。ワクワクするものがないのです。私自身も、正直、つまらなかった。

そして、「もっと前向きな仕事がしたい」「みんなともっと楽しく働きたい」と思った私は、「不良債権の回収だけではなく、新規顧客開拓もやらないか？」とメンバーに相談。当時、ブリヂストンは、タイ市場で、ファイアストンやグッドイヤーというグローバル・ジャイアントと激烈な競争を繰り広げていましたから、その戦いに貢献するのは、会社の「ビジョン」にも完璧に合致すると考えたのです。

私の提案を聞いて、みんなは「面白いじゃないか！」と盛り上がりました。そして、みんなで「ターゲット顧客リスト」や「攻略作戦」をまとめ上げて、上司に提言。当初、上司は「回収だけでもたいへんなのに、本当にできるのか？」と驚いていましたが、会社の戦略に貢献する提案だから却下する理由もない。「前向きでよろしい」と、すぐにOKを出してくれたのです。

これで、私のチームは一気に活気づきました。仕事量は2～3倍に膨れ上がりましたから、めちゃくちゃに忙しくなりましたが、これは全然苦にならない。

当時のタイはモータリゼーションがまだ初期段階で、優良な取引先は、ほとんどがすでにファイアストンと長年取引のあるロイヤル・カスタマーでしたが、それでも、みんなで選んだ「ターゲット」に、練りに練った「攻略作戦」を片っ端から仕掛けていったらガンガン結果が出るものだから、仕事が楽しくてならなかった。タイ人営業マンたちと、実に充実したチームワークを楽しむことができたのです。

会社の「天井」に穴を開ける

この経験で、私は「開眼」しました。

与えられた仕事をこなすだけでは面白くない。自らが思い描いた「理想」や「ビジョン」を実現しようとチャレンジするからこそ、仕事は面白くなるのです。

何かを生み出すこと、新しい価値を生み出すこと、想像するだけでもワクワクするようなこと……。そんな仕事には仲間も「共感」を寄せてくれる。そして、みんなで力を合わせて課題に取り組んでいくプロセスこそが面白いのです。

だから、私は、その後、どこに配属になっても、どんな職位についても、「こんなふうになったらいいな」という「理想」や「ビジョン」を思い描いて、それを実現することに喜びを感じてきました。

いわば、会社の既存のシステムにはない、イレギュラーなことをするわけですから、なかには、「ハードルが高い」と感じる方もいるかもしれませんが、そんなことは全くありません。

なぜなら、会社というものは、実に〝よくできた場所〟で、誤解を恐れずに言えば、上司にハンコさえ押してもらえれば、その時点で「無罪確定」だからです。もしもチャレンジに失敗しても、それはハンコを押した上司の責任。適時的確に上司に報告・連絡・相談しながら、精一杯努力を尽くしたのならば、提案した本人の責任が問われることはないのです。

上司を説得するのも、決して難しいことではありません。経営陣の「ビジョン」や「戦略」に合致したアイデアであれば、却下する理由がないからです。私は、これを「会社の天井に穴を開ける」と言っていましたが、「会社の天井」などたいしたものではありません。どんどん「穴」を開けて、仕事を面白くしたほうがいいのです。

イレギュラーな局面で求められるのが「参謀」である

このような経験を積んでおくことには、大きく二つの意味があります。

まず第一に、若いころから、自らイレギュラーなことを生み出すことで、参謀に求められる重要な能力が、自然と磨かれるということがあります。

私が社長だったときに、「誰かの意見を聞いてみたい」と思うのは、イレギュラーなことが起きたときでした。これは当たり前のことで、日常的に起きる「通常の課題」については、担当部門や担当者と話し合えば「答え」は出ますから、参謀の「知恵」など特段必要になりません。

しかし、イレギュラーなことが起きたときには、通常業務のマニュアルに従って処理している人々だけでは、対応不可能になることがあります。このようなときに、頼りになる「見識」を与えてくれる人物こそが、参謀なのです。

だから、自らイレギュラーなことを生み出してきた人は、参謀として貴重な存在になる可能性を秘めているわけです。

実際、イレギュラーなことをやろうとすれば、社内のさまざまな部門に影響を与えることになるため、通常とは違う社内コミュニケーションをとりながら、合意を形成していく必要があります。思わぬ反発を受けることもありますから、その「壁」を超えるために、知恵を絞る必要に迫られることもあります。そのようなプロセスで自然と培われる「知見」「見識」は、イレギュラーなことに対応するうえで、非常に貴重な示唆を与えてくれるものなのです。

そして第二に、「理想」や「ビジョン」を血肉化するという意味があります。

まず、イレギュラーな提案を上司に認めてもらうためには、それが、会社の「ビジョン」や「戦略」に合致していることを明確に伝えられなければなりません。

そのためには、会社の「ビジョン」や「戦略」を、深く理解しておかなければなりませんし、それと自分の目の前の仕事が有機的につながっていることを実感できていなければなりません。このようなプロセスを何度も経験することによってこそ、会社の「ビジョン」「戦略」を、自分のものとして血肉化することができるのです。

誰もが「理想」を実現することに喜びを感じる

また、このような経験を積むことで、どんなに立派な「理想」や「ビジョン」を掲げても、周囲の人々の「共感」と「協力」を得られなければ、何一つ実現しないことを、骨身にしみて理解できることも重要です。

繰り返し述べているように、参謀は、経営層が掲げる「ビジョン」を実現すべく、バックキャスティングで設定された「戦略」を、現場に浸透させ、それを実行してもらううえで重要な役割を担いますが、ここで難しいのは、現場の人々の「共感」や「協力」を引き出すことです。これに失敗すれば、「戦略」を現場に押し付けるほかなくなり、その結果、改革そのものが形骸化していくことになりかねません。

そのような事態を招かないためには、参謀自身が、「理想」や「ビジョン」を実現するために、周囲の人々と力を合わせることが「心の底から楽しいことである」と、深く実感するような経験をしておくことが重要です。

これは、まったく難しいことではありません。人間は誰だって、「こんなふうになったらいいな」という願望をもっていますから、正しい「理想」「ビジョン」を掲げ、みんなの「共感」と「協力」を得る努力をすれば、周囲の人々はみんな、喜んで力を貸してくれます。それに感謝しながら、みんなと楽しくモノゴトを前に進めていけばいいだけのこと。その感覚を磨いておくことこそが、参謀力を高めることなのです。

17

参謀は常に「自分の言葉」で語る。

「メッセンジャー・ボーイ」に堕してはいけない

参謀には意思決定権限はありません。

あくまでも、意思決定者である上司をサポートするのが参謀の役割。参謀の提言によって、意思決定に影響を及ぼすことはありえますが、その場合であっても、意思決定の主体は上司。参謀は「自らの意思」によって、何かを決定することはできないのです。

そして、参謀は、上司の「意思」を実現するべく、社内外とコミュニケーションを取る役割を担います。ここに、重要なポイントがあります。参謀は、上司とビジョンを共有し、「脳」を同期させる必要があるとはいえ、上司とは「別人格」の存在であることには変わりがありません。そのため、上司の「意思」を伝達する〝メッセンジャー・ボーイ〟に終始してしまう恐れがあるのです。しかし、それでは参謀は務まりません。

私自身、その間違いを指摘されたことがあります。いまとなっては笑い話ですが、社長秘書になって日の浅いころに、こんなことがありました。

ある日、呼び出しを受けて副社長のところに伺うと、ある案件で社長がくだした意思決定について、異論がある旨を社長に伝言してほしいとのことでした。私は、社長の意思決定について深く理解していましたから、副社長の指摘にはいくつもの疑問をもちました。しかし、相手は副社長。生意気なことは言えません。そこで、副社長の伝言を持ち帰って、そのまま社長に伝えたのです。

参謀は上層部とも「対等の議論」をする

それを聞いた社長は、一瞬で事情を察知しました。

私の目を睨みつけながら、「お前は、あの決定の背景をよく知っているだろう？なぜ、彼の勘違いを指摘しなかったのだ？」と私に尋ねたのです。そして、私が即答できずにまごついていると、こう一喝。「お前は、副社長の言うことをそのまま俺に伝えたのか？　そんなことで、お前の仕事が務まるか！」。

正直、酷《こく》だと思いました。

私はたかだか秘書課長にすぎません。社長と副社長というツートップの間に入って、メッセンジャー以上の仕事をするのは荷が重い。

しかし、社長の指摘ももっともです。私は「社長の秘書」です。社長の立場にたって、相手の真意を確認し、相手の理解不足や勘違いがあれば、社長に代わって、それを指摘し、相手の理解を得る必要がある。それができないのならば、ただの〝子どものつかい〟にすぎません。社長と副社長の〝板挟み〟になるのではなく、あくまで社長の立場で相手を説得できなければ存在意義がないのです。

だから、私は意を決して、再び副社長を訪問しました。

そして、社長が突っ込みそうなポイントを逐一質問したのですが、当然、副社長は「お前はそんなことを聞かなくていいんだ。いいから、俺が言ったとおりに社長に伝えろ」とヘソを曲げます。

そこで、私は、私の置かれた立場について理解を求めました。「私は社長の代理人です。社長に代わって、社長の認識と意思をお伝えするのが、私の役割なんです」と。そして、「自分の言葉」で副社長と対峙。なんとか、副社長の理解を取り付けることに成功したのです。

これには、冷や汗を大量に流したものです。いまとなれば笑い話ですが、あのときはきつかった。しかし、この経験で、私は、社長が求めていた「参謀」という役割の重要な側面について深く学ぶことができました。参謀は、メッセンジャー・ボーイではない。社長の「意思」を深く理解したうえで、「自分の言葉」で社内外を説得できなければならないのだ、と。

「自分の言葉」で語るから、相手は納得してくれる

重要なのは、社長の「意思」を、「自分の言葉」で語れることです。

先ほどの副社長が、最終的に、私の話に納得してくれたのは、私が「社長の意思」

をそのまま伝えるメッセンジャー・ボーイではなかったからです。

あくまでも、私は、自分が腹の底から納得した「社長の意思」を、「自分の言葉」で伝えたからこそ、副社長と私の間でも議論が成立したのです。副社長から疑問や質問が出されても、「自分の言葉」で打ち返すことができます。しかも、私自身が腹の底から納得していることだからこそ、私の主張にも、副社長が納得するだけの説得力がこもるのです。

これは、現場とのコミュニケーションでも当てはまります。

いや、現場に「社長の意思」を伝えるのは、副社長のような権力者に対するときよりも、さらに難易度が高いと言っていいでしょう。なぜなら、副社長などの権力者は、納得できなければ反論してくれます。しかし、現場が、「社長の意思」に対して反論するのは非常にハードルが高いものです。

そのデリケートさを認識しないまま、「これは社長の意思ですから、よろしくお願いします」といったコミュニケーションを取れば、どうなるでしょうか？　「自分の言葉」で語らない参謀との意思疎通は無理ですから、現場は、納得してみせるほかありません。そのことに、何の意味があるでしょうか？　一見、「社長の意思」が現場に行き渡るように見えて、その実態は「面従腹背」が支配する会社をつくるだけです。そして、経営と現場の間に、白々しい「距離」が開いていくだけなのです。

だから、私は、社長の意思決定に対して、自分が納得できるまで「質問」をすることを徹底しました。

考えうる限りの「観点」から、ほんとうに腹の底から納得できるまで、社長の真意、決定の背景を確認するのです。あるいは、日頃、現場から聞こえてくる〝どうしようもない現実〟を踏まえて、問題点を指摘する。ときには、社長にうるさがられることもありましたが、ここを怠ると参謀としての役割を果たすことができません。しっかりと腹落ちして、「自分の言葉」で語れるまで、徹底的に社長と向き合ったのです。

徹底的に社長と対峙する「腹落ち」するまで、

社長秘書になった直後に、社長が、ファイアストンとの事業提携から企業買収へと舵を切ったときもそうでした。

私は、グローバル市場におけるブリヂストンの生存戦略（ビジョン）を社長と共有していましたが、それでも、疑問はいくつもありました。

経営が極端に悪化していたファイアストンを買収するのはリスクが大きすぎる。別の会社を買収する選択肢もあるのではないか？　まともにデューデリジェンスをする時間も残されていないのだから、買収後にとんでもない負債が明らかになるかもしれない。そんなリスクを取ってもいいのか？　数え上げればキリがないほどでした。

だから、私は、細部にわたるまで、社長にしつこく質問をしました。しかし、社長は、そのすべてに明確な回答をもっていました。これには舌を巻きました。10年、20年という歳月をかけて、社長はありとあらゆるシミュレーションをしてきていたのでしょう。そして、いまこの瞬間に、ファイアストン買収を決断する以外に、ブリヂストンが生きる「道」はないと確信していたのです。

「もちろん、買収後、ありとあらゆる問題が噴出するだろう。しかし、その問題をなんとしても解決し、乗り切るしかない。それ以外に、我が社が生き残る道はないんだ」という社長の言葉は、いまも忘れることができません。

こうしたプロセスを経て、私は、社長の決断が完全に腹落ちしました。

これがなければ、その後の参謀としての役割を果たすことは、到底できませんでした。なぜなら、ファイアストン買収は、あまりに巨額だったこともあり、社内外から猛烈な反発が吹き荒れたからです。

実際、社長の意思決定を各所に説明に回っても、すんなりと聞き入れてはくれませんでした。しかも、予想したとおり、買収決定後にはさまざまな問題が噴出。「だから言っただろう?」「それみたことか」と責め立てられました。ときには、面罵されたことすらあります。

そのプレッシャーに屈することなく、さまざまな関係者と向き合い続けることができたのは、私自身が、社長の意思決定に腹の底から納得していたからです。会社が生き残るためには、これ以外の「道」がないと確信していたからです。そして、反発する人々を、なんとか納得させることができたのは、私が、「自分の言葉」で真摯な対話を続けることができたからなのです。

だから、私が社長になったときに信頼したのは、私の意思決定を四の五の言わずに受け入れる人物ではありませんでした。自分が腹落ちするまで、私の真意を確認する人物こそが、信頼できる人物なのです。徹頭徹尾、「自分の言葉」で語ろうとする人物でなければ、決して本物の参謀にはなれないのです。

18

「原理原則」を思考の軸とする。

「原理原則」こそが、最強の思考ツールである

自分の頭で考える――。

これが、参謀の基本です。

意思決定者であるリーダーの指示を、そのまま受け入れるのではなく、自分の頭で、その意図や真意、背景などを吟味し、必要であればしっかりとリーダーと議論をして、十分に腹落ちできるまで考え抜く。そして、もしも、リーダーの指示に疑義があるならば、それを率直に指摘する。この思考プロセスがなければ、参謀としての役割を果たすことはできません。

では、「自分の頭で考える」とはどういうことでしょうか？

これは、いろいろな角度から論じることができるテーマではありますが、私が、最も重視してきたのは、「原理原則」を軸に考えるということです。私が思うに、人間

は、何らかの「尺度」をもたずにモノを考えることはできません。なんらかの「尺度」と照らし合わせることで、「これは正しいことか？」「どうすべきか？」といった思考を正しく機能させることができるのです。そして、その最も重要な尺度が「原理原則」だと思うのです。

「原理原則」とは、決して小難しいものではありません。「生命を大切にする」「環境を大切にする」「ウソをつかない」「ルールを守る」「高い品質を保証する」など、小学生にもわかる当たり前のことです。しかし、この「当たり前」の尺度を軸にモノを考えることさえ徹底すれば、どんなに複雑な状況に置かれ、さまざまな意見が錯綜するなかであっても、間違った判断を遠ざけることができます。「原理原則」こそが、最強の思考ツールだと思うのです。

原理原則から外れたとき、組織は「重大な危機」に直面する

また、「原理原則」とはきわめて厳粛《げんしゅく》なものです。

これを棄損したときには、すべてが崩れ去ります。粉飾決算、文書改竄《かいざん》、原材料偽装、過労死……。これら、日々報道される問題は、すべて原理原則を踏みにじった結果として生じたもの。そして、自分たちの会社や仕事そのものが社会的に否定され、組織を存亡の危機に陥れてしまうのです。「原理原則」を遵守しさえすれば、こんな事態にはならないわけですから、実に愚かなことだと言うほかありません。

しかし、これは口で言うほどやさしいことではありません。

なぜなら、私たちは、ほとんど常に、相反する価値観の相克《そうこく》の中に立たされるからです。

たとえば、利益と品質。事業を健全に進めるためには、適正な利益を確保しなければなりません。だから、原価率をできるだけ下げて、利益を確保する不断の努力は必要不可欠です。その不断の努力があるからこそ、異次元の製品・サービスを生み出すイノベーションは生まれるのです。

ところが、経営状況が悪化したときなどには、こうした健全な努力を逸脱する誘引が否応なく働きます。特に、経営トップには、利益を確保することで、株主や取引先、従業員などのステークホルダーに還元する責任がありますから、品質を落としてでも原価率を下げることによって、利益を確保できるのではないか……といった誘惑が心をよぎるのも理解できますし、その誘惑を完全に断つのはそれなりの勇気が求められることでもあります。

しかし、ほんの少しの誘惑に負けたときに危機は始まります。

ビジネスとは、お客様に満足していただける品質を保証するからこそ成立するものですから、その満足を犠牲にして得る利益は〝不健全〟なものです。原価率を下げることで、一時は利益を確保することができるかもしれませんが、その結果、「高い品質を保証する」という原理原則をなおざりにする組織に変質していってしまえば、経営に深刻な悪影響をもたらすことになるでしょう。

「高い品質を保証する」という原理原則を外れることで、社員たちは仕事にプライドを失い、組織のモラールは地に落ちるでしょう。そして、経営状況を改善する正しい努力を放棄するようになるに違いありません。その結果、組織は長期的に衰退の道を辿るほかなくなってしまうのです。

さらにエスカレートすれば、「ウソをつかない」という原理原則からも逸脱しかねません。原材料偽装がまさにそれです。お客様には高品質な原材料を使っているとウソをつきながら、安価で粗悪な原材料を使って利益を出そうとする。ここまで来てしまえば、社会的制裁は避けられないでしょう。

「重圧」のかからない参謀だからこそ「できること」がある

このような事態を招くのは、結局のところ、社長のあり方に問題があるからです。組織の意思決定の〝最後の砦〟は社長（ＣＥＯ）以外にはありません。組織が「原理原則」から逸脱する最終責任は、社長が背負う以外にないのは当然のことです。

ただ、私はいつも、こうした報道に接するたびに、信頼できる参謀がいなかったのか……と残念な思いがします。

社長を擁護《ようご》するわけではありませんが、社長といえどもただの人間です。不完全な人間が、困難な状況のなかで、強度の重圧を感じながら意思決定をするときに、思考がまったく歪まないなどということはありえない。

だからこそ、社長とは「別人格」であり、かつ、社長ほどの重圧がかからない立場である参謀の存在意義があるのです。参謀が、「原理原則」を軸に思考することによって、社長にしかるべき進言をすることこそが、社長を守ることであり、組織を守ることなのです。

正しく思考する基本中の基本

ただし、「原理原則」とは脆いものです。

おそらく、これまで起きた不祥事のほとんどのものは、当初は、ほんの少し「原理原則」から外れただけだったのだろうと思います。よほどの確信犯でない限り、誰だって「原理原則」の重要性は認識している。しかし、強度の重圧がかかったときに、〝ほんの少し〟だけ「原理原則」を逸脱してしまう。その〝弱さ〟によって、思考が狂っていってしまうのです。

そして、その〝ほんの少し〟がアリの一穴となり、「もう少しいいだろう」「このくらいはいいだろう」などと、徐々に「原理原則」が軽視されるようになる。自分の頭で考えるのではなく、状況に流されるばかりになっていく。権力者である社長がそのような思考に陥ったときに、参謀がそれを食い止めるのは難しいのも現実です。

しかし、参謀として組織を守るためには、どんな状況であっても「原理原則」を死守する強さが必要不可欠です。

「何が原理原則なのか？」を日々、本気で考え抜く。そして、日々、「原理原則」によって自らを律する。この営みを真摯に続けることこそが、参謀として「正しい思考」を働かせる基本中の基本であり、リーダーに対する進言に説得力を与えることにつながるのです。

私は、それこそが、「自分の頭で考える」ことだと思っています。頭の回転が多少速くても、豊富な知識を蓄えていても、「原理原則」を本気で追求していない人は、本当の意味で「自分の頭で考える」ことはできません。「原理原則」を本気で追求していない人は、いとも簡単に、状況に流されてしまうからです。

原理原則を厳守することで、「思想」にまで高める

その意味で、非常に感心したことがあります。

それは、私がヨーロッパ現地法人のCEO時代に、世界的なメーカーであるデュポンに、幹部社員に研修を受けに行かせたときのことです。

デュポンという会社は、工場内の「安全第一」という原理原則を徹底することで知られています。化学メーカーとして有名ですが、安全コンサルタント・教育も本業としている会社で、ブリヂストンも、その思想を学ぶ必要があると考えたわけです。ところが、その研修中に、少々驚くような事件があったのです。

派遣した幹部社員によると、研修を担当したデュポンの社員は紳士的な人物で、座学研修では、非常に丁寧に、デュポンの思想や作業マニュアルなどの説明をしてくれたそうです。

しかし、現場研修を受けるために、工場に移動しようとしたときのことです。彼らが、階段を降りているときに、突然、デュポンの紳士的な社員が、「研修は終わりだ！」と厳しく言い放ったというのです。彼らは、意味がわからずにあっけに取られ、「どうしてですか？」と問うと、こう答えたといいます。

「君たちは、安全第一という思想を学びに来たんだろ？　にもかかわらず、手すりも使わずに階段を降りている。真剣に安全第一を考えている人間は、そんなことは絶対にしない。そんな君たちに、いくら研修をやっても意味がない。もう帰ってくれ」

これには、度肝を抜かれたそうです。こちらはお金を払って、研修を受けに来ているのです。さすがに、「研修中止」はないだろうと思ったけれど、甘かった。デュポンの担当者は、本気で研修を中止にしたのです。

それを聞いた私は、「なんという会社だ」と驚くとともに、その徹底した思想に深く感心しました。

たしかに、原理原則というものは、そのくらい本気で追求しなければ、すぐに崩れていってしまう脆いものだからです。実際、世界中の工場には「安全第一」という標語が掲げられていますが、ほとんどの工場では、安全よりも生産性が重視されているのが現実です。そんななかでデュポンは、現在に至るまで、「安全第一」を死守している。それは、原理原則に本気で思いを込めて、それを「思想」にまで高めているからです。まさに「本物」なのです。

もしかすると、このエピソードに過剰な厳しさを感じる人もいるかもしれません。

しかし、私は、参謀を志すならば、このくらいの厳しさを自らに課さなければならないと確信しています。そうでなければ、強度の重圧がかかった状況で、さまざまな意見が錯綜するなかで、原理原則を軸に自分の頭で考え抜くことなど不可能だからです。そして、不完全な人間であるリーダーをサポートすることもできるはずがないからです。

「制約」こそが思考の源である。

19

「制約」が明確になるからこそ、柔軟な思考が可能になる

「原理原則」を本気で追求する——。

それこそが、優れた参謀の思考法の原点です。

このように話すと、「原理原則にとらわれすぎると、ガチガチの考え方になってしまうのではないか？」と質問されることがあります。しかし、それは誤解です。むしろ、「原理原則」を遵守することによってこそ、柔軟に創造的な思考を広げることが可能になります。

これは、考えてみれば当たり前のことです。

たしかに、「原理原則」を1ミリたりとも外れてならないのは、制約のように感じられるかもしれません。しかし、見方を変えれば、「原理原則」を外さない、逸脱しない範囲内であれば、何をやっても構わないということにほかならないからです。

「絶対にやってはならないこと」「絶対にやらなければならないこと」という「原理原則」を制約として明確にすることで、むしろ、思考は自由になるのです。

たとえば、私が秘書課長時代に、取締役会を開くか開かないかで、社長と対立したときもそうです。

あのとき、ファイアストンと「法的拘束力」のある契約を結ぶ必要があり、情報漏洩を恐れた社長は、「秘密裏に契約を締結するほかないか……」という考えでいました。しかし、そのような場合には、取締役会の決議を経るのが社内規定であり、社会的にも一般的なルール。もしも、あとでそれが暴露すれば、攻撃材料にされるおそれがあります。

だから、私は、「取締役会にはかけるべきです」と進言しました。ルール（手続き）を遵守するのはビジネスの原理原則。その原理原則から外れるのは、社長はもとより、会社そのものを混乱に陥らせる原因になりかねないと主張したのです。

ただし、社長が懸念している「情報漏洩」も防がなければなりません。つまり、このとき、私には、「取締役会を開催しなければならない」「情報漏洩のリスクを最小化しなければならない」という二つの命題が課せられたわけですが、逆に言えば、これで「考えるべきこと」が明確になったとも言えるわけです。

つまり、取締役会を開いても、情報漏洩しない方法を考えればいいということ。ここまで「解決すべき問題」が明らかになれば、頭は勝手に「答え」を探し始めます。そして、私が思いついたのが、取締役会で、通常やっていた資料配布による説明方法をスライド投影に変更し、ごく一部配布した資料も回収するという「解決策」だったわけです。

「問題」が設定できれば、半分は「解決」したようなもの

ここで重要なのは、リーダーが「原理原則」から逸脱しようとしているときに、それを指摘するだけでは足りないということです。先ほどのケースもそうですが、リー

ダーが「原理原則」から逸脱するには、必ず、しかるべき理由があるからです。

あのとき、社長は、取締役会を開くことによって、情報漏洩することのリスクを強く懸念しましたが、それは、経営者としてはまっとうな問題意識でした。だから、単に、「取締役会は開くべき」と進言するだけでは、社長にすれば、簡単に受け入れることはできません。「お前に言われなくても、そんなことはわかっている」と反発されるのも当然なわけです。

しかし、それで引き下がっているようでは、参謀は務まりません。

とはいえ、押し問答を繰り返しても意味がありませんし、意思決定権者である社長に勝てるはずもない。だから、参謀に必要なのはアイデアを出すことです。「原理原則」から逸脱することなく、社長の懸念点をもクリアするアイデアを考え出す。そして、社長が安心して「原理原則」を遵守することができるようにする。これができたときにはじめて、参謀としての職責を果たしたことになるのです。

そして、そのようなアイデアを考え出すのに、特段の才能は必要ありません。ごくごく常識的な判断力さえあれば、誰にでもできることです。むしろ、重要なのは「制約条件」を明確にすること、言い換えれば、正しく問題を設定することなのです。

「問題をきちんと述べられれば、半分は解決したようなものだ」

これは、アメリカの発明家であるチャールズ・ケタリングの言葉ですが、まさにその通り。絶対に逸脱してはならない「原理原則」という制約を受け入れることによって、問題を明確に設定することさえできれば、なんらかの解決策は必ず見えてくる。これは、私の約40年間のビジネス経験から断言できることなのです。

原理原則のためなら、「短期的な損失」は受け入れる

言い換えれば、ビジネスにおいて「原理原則」を貫徹することは、絶対に可能だということです。

場合によっては、「原理原則」を貫徹することによって、短期的な損失を覚悟しな

ければならないこともあるかもしれませんが、そのことによってこそ、企業や組織を破綻に追い込むような事態を避けることができます。いや、そのことによってこそ、企業や組織を繁栄に導くことができると言うべきでしょう。

たとえば、私は本社社長になったときに、「安全第一」というからには、利益よりも、生産性よりも、何よりも「安全を第一に優先する」と全社に明言しました。そして、実際に、ある工場で設備が故障し、生産を止めないためには、標準作業外の危険を伴う人力作業をせざるをえない事態が生じたことがあるのですが、そのときにも、即座に生産ストップを指示しました。

生産をストップすればほかの工程にも影響が出るため、最悪の場合には、億単位の損失が発生しかねない状況でしたが、「原理原則」を踏みにじることで組織に与える悪影響のほうがよほど怖い。組織全体で「安全第一」という「原理原則」が根っこから揺らぎ始め、結果として事故が多発しかねないからです。だから、私は、「安全確保のためなら、損失額はいくらになっても全く気にしなくていい」と明言したのです。

世界中で通用する人材になる方法

そして、全世界の従業員に向けて、利益よりも、生産性よりも、何よりも従業員の安全を最優先にするというブリヂストンの姿勢を、改めて「CEOメッセージ」で明確に示しました。この姿勢を死守することこそが、従業員はもとより、工場が立地する国や地域からの大きな信頼を生み出す「原理原則」であると強く訴えたのです。

その結果、全世界のさまざまな事業所で、意識の高まり、活動の組織的うねりを実感しました。間接的効果として、立地する国や地域からのサポートが得られ、現地採用もしやすくなるのですから、事業を展開するうえで、これほどありがたいことはありませんでした。

このように、「原理原則」を厳守することは、たとえ短期的には損失を出すことになっても、長期的には必ず大きな果実をもたらしてくれるのです。

重要なのは、「原理原則」が世界中で通用するということです。

「安全第一」、すなわち「命を大切にする」という「原理原則」だけではなく、「環境を大切にする」「ウソはつかない」「ルールを守る」「高い品質を守る」といった「原理原則」は、あまりにも「当たり前」のことであるがゆえに、世界中どこでも、どんなときでも、どんな人種でも通用する普遍的なものです。

実際、ブリヂストンが、世界中のグループ企業や事業に守らせる基本指針は、すべて「原理原則」に類するものだけです。それは、普遍性が高いために、誰もが「当たり前」のこととして受け入れ可能ですし、日本とはかけ離れた文化の国であったとしても法的に問題はありませんでした。そして、全世界の従業員が「原理原則」を共有することによって、グループの結束と健全な発展ができる基礎をつくることができたのです。

だから、参謀をめざす人には、ぜひとも、「原理原則」をとことん突きつめていただきたいと願っています。それは、ユニバーサルに通用する「仕事力」を手に入れることに等しいのです。

第5章 人間関係を「達観」する

「人間関係は悪いのが普通」と達観する。

20

参謀の仕事とは、とてつもなく〝泥臭い〟ものである

参謀の仕事とは〝泥臭い〟ものです。

私が、秘書課長として社長の参謀役を務めていたときも、やっていることはほとんど〝泥臭い〟ことでした。

たしかに、社長と役員とのグループ事業戦略のディスカッションや、社内の重要会議への陪席《ばいせき》、社長起案の提案書の取りまとめや、社長のグループ向けスピーチ原稿の起案・作成といった仕事も重要なものではありましたが、仕事の総量からするとほんの一部。仕事の大半は、社内外の関係者との協議・調整に割かざるを得ませんでした。

そして、それぞれに利害得失が異なるさまざまな関係者と協議・調整を行うのは、まさに〝泥臭い〟というほかない仕事です。私の場合には、ファイアストンの買収・PMI（経営統合）という非常にドラスチックな経営改革の真っ只中でそれを行った

わけですから、なおさらそうでした。

すでに述べたことですが、ファイアストンの買収には社内外から強い反発がありました。当時の日本では最大級の買収金額だったうえに、ファイアストンは1日1億円の赤字を出している状態でしたから、それも当然の反応。綿密なデューデリジェンスを行う時間もありませんでしたから、「買収後、何が出てくるかわからない」「危険すぎる」と各所から突き上げもくらいました。

しかし、苛烈なグローバル競争に勝ち残るためには、この選択肢しかないと腹をくくった当時の社長は、猛烈な反発に一切ひるむことなく断行したわけです。そして、社長が次々にくだす意思決定を、場合によっては、さまざまな部門と階層の関係者に伝え、説明し、理解を得るのは私の仕事。反発の矢面に立ち続ける――すなわち〝泥〟をかぶる――のが私の仕事だったのです。

人間関係の「軋轢」に直面するのが、参謀の仕事である

しかし、これが厳しい仕事だったのは事実です。

特に、厳しかったのは、ファイアストンの買収が終わり、ＰＭＩ（経営統合）を進める段階に入って、ありとあらゆる問題が噴出したときでした。「買収後、何が出てくるかわからない」と批判をしていた人々からは、「そら、みたことか」「だから、言っただろう」と厳しく指弾する声が投げつけられました。

あるいは、国内の営業部隊からは、「自分たちが必死になって稼いだお金を、放漫経営のファイアストンに投入するのはけしからん」という反発が日増しに強まりました。私も海外の営業現場でさんざん走り回り、汗をかいてきましたから、タイヤ１本売るのがいかに大変なことかは骨身にしみています。ですから、彼らの言い分もよくわかる。それだけに、そうした反発の矢面に立たされるのは辛かった。

ただ、このような現象は、サポートする上司の職位が経営中枢に近づけば近づくほど、参謀にとっては避けようがないものです。

なぜなら、「経営戦略」というものは、「現在」の延長線上につくるのではなく、

「未来のあるべき姿」から逆算（バックキャスティング）してつくられるべきものだからです。つまり、「戦略」とは、現状とは非連続なものでなければならず、もっと言えば、現状否定の要素が必ず含まれているということ。そのような性格をもつ「戦略」は、現状を少しずつ改善（フォアキャスティング）していく現場から反発や抵抗を受けるのはやむを得ないことなのです。

そして、ファイアストンの買収は、究極的なバックキャスティングでした。さまざまな問題や矛盾が噴出するのは誰の目にも明らかだったけれど、それを成し遂げなければ、ブリヂストンの活路は断たれる。どんなに「現場」の反発を受けても、やり抜くほかないわけで、厳しい対立構造にある人間関係の真っ只中に立つことなしに、参謀の役割など果たせるわけがなかったのです。

「人間関係は悪いのが普通」と達観する

では、このような局面を、どう切り抜ければいいのでしょうか？

私は、「人間関係は悪いのが普通」だという達観を養うほかない、と考えています。人間の悩みは、すべて人間関係に行きつくと言われるように、厳しい対立構造にある人間関係の真っ只中に立たされるのは、誰だってきつい。しかし、この役割を果たす参謀がいなければ、経営戦略を実行に移すことは不可能。であれば、逆説的ですが、「人間関係は悪いのが普通」と思って、淡々とやり抜く以外ないと思うのです。

その点、私は恵まれていました。

というのは、私は若い頃から、なぜか、社内のトラブルシューター的な役割を任されることが多かったからです。社内で何か問題が起きると「お前、見てこい」と言われる。見て来たら、「お前、なんとかして来い」と言われるわけです。

そして、社内トラブルというのは、ひとつの部門内で問題が大きくなることはまれで、複数の部門が絡んで結果的に大きな問題となってしまうことがほとんどです。しかも、問題を突き詰めていくと「誰々が悪い」「いや、誰々が原因だ」という話に絶対になる。そして、トラブルシューターとしては、その対立構造の渦中に飛び込んでいかざるをえないわけです。

それだけでも、ストレスがかかるうえに、問題を解決するためには、特定の誰かに対して、「ここを直してください」などと指摘しなければなりません。すると、当然、「お前に言われる筋合いはない」とけちょんけちょんに言われるわけです。問題を抱えている人にも、それなりの事情はあるので、私ごときに核心を突かれて逆上してしまうのも仕方のないことです。

ひどいときには、お歴々が居並ぶ会議の場で、部下が何百人もいるような有力者から、「荒川はけしからん」「荒川は自分のことしか考えていない。そんな男がプロジェクトに口を出すから余計に問題がこじれるんだ」などと名指しで批判されたこともあります。

やりたくてトラブルシューティングをしているわけではないので、「勘弁してくださいよ……」と、若い頃は何度も落ち込んだものです。「どうして、自分がこんな目に合わなければならないのか……」と。

人間関係に振り回されず、「合目的的」に仕事をやり抜く

しかし、何度もトラブルシューターとして動き回っているうちに、そういう目に会うことに慣れていきました。

私が〝泥〟をかぶることで、問題が解決することが多かったし、あとになって感謝されることもあったので、だんだん自信のようなものも付いてくる。人間関係が悪化しても、「なんとかなる」と割り切ることができるようになったのです。

人間がやる仕事だから、またどこかで問題が起きるだろう。問題の原因をつくった人は、自分を守ろうと反発するだろう。そのなかで自分は淡々と、問題を解決すればいい。多少のことはあっても、組織が正常化するのが一番大事だ。そのように「達観」できるようになったのです。「人間なんてそんなものだ」というあきらめがついたと言ってもいいかもしれません。

このような「達観」ができたのは、私がもともと、交友関係が広いタイプの人間ではなかったこともあるのかもしれません。というのは、私のような人間が社会に出たら、ほとんどの人が「合わない人」であり、「合わない人」とどう付き合っていくかが、私にとってのテーマだったからです。

しかも、会社というゲゼルシャフトの集団に入って、1日何時間も一緒にいるとなると、「仲良くしよう」「不和を起こさないようにしよう」と願って、こちらとしては最大限の配慮をしたとしても、それは絶対に叶わない。むしろ、そのような「叶わぬユートピア」を夢見ているからこそ、不和に直面したときに不要に苦しんでしまうのです。

逆に、「人間関係は悪いのが普通」と達観すれば、職場の人間関係でクヨクヨ悩むのがバカらしくなってきます。それよりも、多少の軋轢に巻き込まれるのは当然のことと考えて、会社を正常に機能させるために「合目的的」に仕事をすることに徹すればいいと腹がすわってくるのです。

もちろん、「人間関係は悪いのが普通」だからと言って、人間関係を無視し、乱暴めに人と接していいわけではありません。「悪いのが普通」なんだから、よくするための努力をしなければ、その人自身の人間関係は簡単に破局を迎えてしまいます。自分から乱暴に人間関係を破局させてしまったら、「合目的的」に仕事をし、結果を出すことなど出来るはずもありません。

しかし、たとえどんなに丁寧に接しても、組織のなかでは対立構造が生じることは避けようのないことだとすれば、少々人間関係が悪くなったとしても、「人間関係は悪いのが普通」だと平常心を保って、やるべき仕事に集中するほうが建設的です。人間関係に右往左往するのではなく、「人間関係は悪いのが普通」と達観することが、参謀としてスジの通った仕事をするために欠かせないことなのです。

21

参謀が死守すべき「中立性」とは何か？

社内に「派閥」が存在するのは自然なことである

私は、現役時代から他社の人々と緩やかな繋がりをもって生きてきました。そんな付き合いのなかで、ある人物から、こんな相談を受けたことがあります。

彼は、ある会社で、社長の参謀的立ち位置で仕事をしていたのですが、反社長派の派閥から陰に陽に攻撃を受けて対応に苦慮しているといいます。どうやら、反社長派は、社長派を追い落として、実権を握ろうと画策しているようで、参謀役の彼にも時折、圧力をかけてくるのだそうです。

要するに、社内政治の真っ只中に立たされて、さまざまなストレスに悩まされているということ。幸いなことに、ブリヂストンには、そのような悪質な社内政治がなかったので、「実際に、そんなこともあるのか」と驚きながら話を聞いていました。

しかし、私も、小説やドラマなどで、社会や顧客のことを忘れて、政治的闘争に明け暮れた結果、衰退の道を辿る会社の物語を嫌悪感とともに読んだこともあり、もしも、自分が彼と同じ立場に立たされたら、どうするだろうかと思いを巡らせました。最初に思い出したのは、松下幸之助氏が遺した「派閥をつくるのは人間の本質」（『指導者の条件』ＰＨＰ新書）という言葉でした。少し長くなりますが、引用しておきましょう。

「たしかに、人間の集まるところ、大小の別はあっても、必ずグループ、党派があるといっていい。そういうものがしぜんにできてくるわけである。けれども、そうしたグループ、党派というものが全体の運営の上で弊害をなす場合が少なくない。特に今〝派閥〟と呼ばれるものにはその傾向が強い。そういうところから、〝派閥解消〟ということがさかんにいわれ、いろいろと努力もされているが、そのわりにあまり効果があがらないのが実情のようである。これは結局、派閥をつくるのは人間の本質であり、派閥をなくすことは不可能だからではないだろうか」

つまり、社内に派閥的なものが発生するのは自然現象のようなものであり、それを否定しても仕方がないというわけです。

「派閥」を認めたうえで、社内調整を行うのが参謀の役割

これは、私の実感にも合致するものです。

たとえば、どんな会社にもセクショナリズムは存在します。開発部門は経費をかけても品質を高めたいと考えるでしょうが、経理部門は財務状況を健全に保つために経費削減を求めるでしょう。新規事業を担当する部門は予算の増額を求めるでしょうが、既存事業の担当部門は、自分たちが稼いだ利益を新規事業に投入することに抵抗するかもしれません。

このように、置かれた立場によって「正論」は異なり、それぞれに「理」に適ったものです。そして、「正論」を共有する者どうしが仲間意識を強め、セクショナリズムを形成していくのは、ごくごく自然なことなのです。むしろ、部門どうしが議論をすることで、全体としての最適解を見出していくのは、組織にとって健全だというべ

きでしょう。

あるいは、実力、人格ともに優れた人物を中心に、自然とゆるやかなグループが生まれるのも自然なことです。そのようなグループに担がれる人物が、リーダーとして頭角を現していくのは、組織にとって望ましいことだと言うべきかもしれません。

だから、派閥的なものが存在するのは、必ずしも組織にとって悪いことではありません。むしろ、その存在を踏まえたうえで、派閥間の適切な調整活動ができるのが、優れた「参謀」の条件と考えるべきです。それは、参謀の上司にとっても、非常に助かる働きなのです。

参謀に「政治的な色」がつくのは避けられない

ただし、組織というものの構造上、注意すべきことがあります。

ピラミッド型の組織では、上層部にいけばいくほどポストは減りますから、ポスト争いは、制度上避けられないことです。そして、あるポストに二人の候補がいれば、権力欲の強い人物が、自分を支持する人々とともに派閥をつくって、対立候補を追い落とそうとすることが起こりえるのです。

つまり、健全であるはずの派閥が、権力欲によって不健全な社内政治を引き起こす可能性が、組織というものには内在しているのだと言えます。そして、冒頭の相談者は、社長の参謀役であるために、社長に対抗する派閥から攻撃を受ける状態に陥っているというわけです。

たしかに、これは苦しい立場だと思います。

なぜなら、社長の参謀役として働いている限り、社内からは「社長派」の人間とみられるのは避けようがないはずだからです。彼自身は、社長の意思決定に基づいて働くのが仕事なわけですが、それゆえに、その一挙手一投足が「政治性」を帯びてしまうわけです。参謀は、宿命的に「政治的な色」がついてしまうと言うこともできるのでしょう。

では、彼は、どう対処すべきなのでしょうか？

私は、まず、自分には「政治的な色」がついているということを自覚する必要があると思います。社長の参謀役である限り、「無邪気」ではいられないのです。そして、社内のさまざまな部門や人物の「政治的立ち位置」に配慮しながら、コミュニケーションを取らなければ、無用な政治的軋轢を増幅する結果を招くでしょう。

たとえば、彼は、反社長派の人物から、攻撃的な言動を取られているとのことでしたが、それが腹に据えかねる言動であったとしても、感情的になって反論するのは絶対に避けるべきです。

なぜなら、その瞬間に、相手は、「やっぱり、こいつは〝社長派〟であって、われわれに敵対しているんだ」という認識を与えてしまうからです。もしも、社長が政治的に敗北して、反社長派が実権を握るようなことがあれば、彼は非常に厳しい立場に追い込まれるに違いありません。そのような挑発には乗らず、受け流すのが良策なのだろうと、私は思います。

「中立的立場」を保つために、絶対に忘れてはならないこと

そもそも、参謀は、あくまで社長をサポートする存在であって、政治的な駆け引きを行う主体ではありません。

政治家と官僚の関係をイメージするといいでしょう。政治を行うのは政治家であり、政治家の意思決定に従って業務を執行するのが官僚です。官僚は非党派的であるべきであり、誰が政治家になっても、その仕事をサポートするプロフェッショナルでなければなりません。

参謀も同じで、もしも、不健全な社内政治が巻き起こったとしても、それに対処する主体は社長をはじめ経営層であって、参謀は、そのような立場にはありません。政治に積極的にかかわろうとするのではなく、どこまでも、組織人としての「原理原則」に徹するべきなのです。

組織人としての「原理原則」とは、「組織の一員として常にその仕事の本質を考えながら、前向きで健全な行動をする」ということ。参謀の場合は、上司を「機関」として捉え、その「機関」が健全に、効率的に稼働するようにサポートするのが仕事。重要なのは、上司が誰であっても、その「機関」を全力でサポートするのが参謀である、ということ。このスタンスを、常に明示しておく必要があるのです。

そして、参謀が判断をするときには、「政治」を軸にするのではなく、「原理原則」を軸にしなければなりません。

たとえば、社長に敵対する派閥からなんらかの提案が参謀に持ち込まれた場合でも、それが会社の未来に資するものであれば、社長にその提案を採用するように進言するべきでしょう。そのような場面で、政治的な配慮などを挟むのはご法度。「誰」が提案したかではなく、「何」が提案されているかだけを、参謀は見るべきなのです。

そのようなスタンスを誠実に徹底していれば、対立する派閥からも、「あいつはフェアな人間」だと認識してもらえるはずです。少なくとも、相手の「敵対感情」をエスカレートさせるような事態を防ぐことができるでしょう。

私は、これこそ「中立的立場」というものだと思います。

社内に存在する派閥の「中間」を取るのが、「中立的立場」ではありません。

組織人としての「原理原則」に忠実に従うことこそが、真の「中立的立場」をつくり出すのです。それが、政治的に微妙な立場に置かれる参謀が、自分の身を守る鉄則なのです。

22

結局、自然体で「仕事」を楽しむ人が強い。

「抜擢」されるための努力には、深刻な副作用がある

参謀は「抜擢」されるものです。

私が社長だったときも、「彼・彼女は頼りになる」と思った人物は、心の中で参謀と位置付けて、その意見に「耳」を傾けたものですが、それは役職や年齢はまったく関係ありませんでした。本書で、これまで書いてきたような「思考法」「モノの考え方」「人との接し方」ができる人であれば、どんなに役職が低くても、どんなに若くても、参謀として尊重しました。

そして、人事的にも、そのような人物を引き上げて、より大きなフィールドで、その能力を生かしてほしいと考えるのは当然のことでしょう。その意味で、参謀と認識されることは、人事的に抜擢されることと深い相関関係があるのは間違いのないことです。

ただ、これまで、多くの人々を観察してきて思うことがあります。

「抜擢」されることを目的に頑張るのは、あまりおすすめしないということです。

もちろん、「上昇志向」をもって、「抜擢」されるべく努力をすることも素晴らしいことではありますし、その努力に実績で証明できる実力が伴えば、社内で出世することもできるかもしれません。しかし、そこには、好ましくない副作用もあることは知っておいたほうがいいと思うのです。

「上昇志向」が強い人は危なっかしい

まず、「抜擢」されるということは、周囲の人々のなかで「抜きん出る」ということですから、「抜擢」されることをめざす人は、どうしたって「自己顕示」せざるをえません。ところが、それは、周囲の人々の「共感」や「協力」を集めるうえでは、邪魔にしかならない。ときには、「あいつは、自分が出世するために、俺たちを利用しようとしている」「自分より〝上〟と思えば追い落とすことだけ考えている」などと取られかねないわけです。

あるいは、「抜擢」するのは人事権を握っている上司ですから、その上司に対して過剰な忖度をしてしまうおそれもあります。

本来、参謀は、上司に対して率直な指摘をすることによって、上司が「裸の王様」になるのを防ぐ機能を果たさなければならないわけですから、これでは本末転倒。上司におもねって「抜擢」を狙うような人物は、周囲の人々から軽侮を受ける結果を招くだけです。

そもそも、「抜擢」されるために、会社や上司の要求に過剰に適応しようと、無理を重ねるような生き方をしていると、非常に疲れるはずです。会社人生は長いのですから、無理は続きません。どこかでしんどくなってくるものなのです。

しかも、「上昇志向」を剥き出しにしている人物を、周囲の人々は内心では冷ややかに見ているものです。下手をすると、「一緒に働きたい」という仲間は全くいなくなる。そのような代償を払いながら多少出世したところで、なんとも〝虚しい人生〟と言わざるを得ないでしょう。

それに、「上昇志向」が挫折したときには、自分を支えてきた「根源的な動機」が失われるわけですから、場合によっては、心までもが折れてしまうことだってありえます。だから、私は、「上昇志向」を原動力に努力する人々を、むしろ「危なっかしいなぁ……」と心配しながら見ていたものです。

仕事の「面白さ」は、絵を描く「面白さ」と同じである

このように考えるのは、私の個人的な価値観によるのかもしれません。

私は〝ボタンのかけ違い〟でブリヂストンという会社に入ったようなものでした。もともと引っ込み思案で、人付き合いも得意ではない性格。大学では美術部に所属して、黙々と油絵を描くのが好きなおとなしい学生でした。

本当は、何か芸術にかかわる、個性のある仕事をして生きていく夢がありましたが、現実は厳しく、生きていくには普通に就職するしかありませんでした。そこで、目に止まったのがブリヂストンでした。「ブリヂストン美術館」（現アーティゾン美術館）があるような会社だから、きっと〝文化的な会社〟に違いないと思ったわけです。

ところが、運よく入社できたまではよかったのですが、実際に働いてみると、思い描いていた会社とは大違い。野武士のような雰囲気の先輩が闊歩する社内で、痩せてひょろひょろだった私はいかにも場違いな存在。タイヤに対する関心もありませんでしたし、それ以前に、ビジネスや金儲けそのものにすら本質的に興味がなかったので、「ここで、やっていけるのだろうか」と心細い思いをしたものです。

しかも、入社2年目でタイに赴任したときには、ずいぶんと苦労もして、あのときは、会社を辞めて、日本に逃げ帰りたいとまで思い詰めたものです。だけど、帰国して転職先を探そうにも、当時は航空運賃がものすごく高く、そのままタイでなんとか頑張って働くしかない。それが、私の会社人生の出発点だったのです。

しかし、上司に命じられた仕事をやるだけでは、どうにもつまらない。

だから、私は、「こんなことができたらいいな」という思いを実現することに面白さを見出しました。それまでになかったアイデアを実現することで、会社に貢献することに「やりがい」を見出すようになったのです。

いま思えば、これは、学生時代に絵を描いていたときの動機と「根っこ」は同じです。絵を描くというのは、「完成形＝ビジョン」を思い描いて、それを具現化すること。そして、それまでになかった「作品」をつくり上げることに、えも言われない喜びが存在します。私は、それと同じ喜びを、会社のなかで「新しい価値」をつくりだすことに見出したわけです。

しかも、絵を描くときは自分ひとりで完結できますが、会社で「作品」をつくり上げるには、周囲の人々と力を合わせる必要があります。

人付き合いが苦手な私にとっては、それに苦労が伴う側面もありましたが、それ以上に、みんなで「新しい価値」をつくり出した暁には、「同志」とも言いうる関係性が生まれるという、大きな喜びがあることも学びました。そして、この「喜び」こそが、私が、ブリヂストンで仕事をする原動力となっていったのです。

「出世」はどうでもいいからこそ、上司に「率直な意見」が言える

だから、私には、ほとんど「上昇志向」や「出世欲」がありませんでした。むしろ、「上昇志向」や「出世欲」をむき出しに、ときにいがみ合う人々を見ながら、「どうして、そんなことで……」と鼻白む思いがしたものです。そういうのには、あまりかかわらず、「面白いこと」をやることに集中したかったし、仕事以外の時間は、絵画をはじめとするアートの世界に浸っていたかった。そのほうが、ずっと楽しかったからです。

でも、それがよかったのだと思います。

私を参謀役に抜擢した社長は、「お前はおとなしそうに見えるが、上席の者に対して、事実を曲げずにストレートにものを言う。俺が期待しているのはそこだ」と言いましたが、「上席の者に対して、事実を曲げずにストレートにもの言う」ことができたのも、私のなかに、特段の「上昇志向」がなかったからです。

心の底では、「別に、上司にどう思われてもいい」という割り切りがありましたから、どうしても納得できないときや、「おかしいんじゃないかな」と思うときには、自分の思いを押し殺してまで、上司に迎合する必要を感じなかった。むしろ、自分の本当の気持ちを押し殺すことで、自分が自分でなくなってしまうことのほうが、よほど嫌だったのです。

「社長」になったからと言って、どうってことはない

もっと言えば、ブリヂストンという会社にも、それほどの執着があったわけではありません。

私も、人並みに、「もう会社を辞めてしまおう」と腹を決めたことがあります。50歳を過ぎたころですが、私が真摯に考えた「会社のためにはこうしたほうがいい」という意見がことごとく否定される時期があり、「だったら、辞めたほうがいい」と転職先まで見つけたことがあるのです。

しかし、不思議なもので、「会社を辞める」と腹をくくると、「私心」が綺麗さっぱり消え去るのか、より一層、「会社が向かうべき方向」がクリアに見えてきました。

しかも、ちょうどそのタイミングで、上層部から「ある事業でトラブルが発生したか

ら、なんとかしてくれないか?」との相談があり、「じゃ、もうひと頑張りするか」という気持ちになったのです。

その後、さまざまな偶然も重なり、タイ法人、ヨーロッパ法人のCEOを経て、本社社長まで任されることになりました。もちろん、それは光栄なことでありましたが、それと同時に、さまざまな経営上の危機や個人的な挫折も経験しました。しかし、いまとなって断言できることがあります。それは、「社長になったからと言って、どうってことはない」ということです。

もちろん、社長ならではの「喜び」も味わわせていただきました。

特に、本社社長はトップリーダーですから、それまでに生み出してきた「新しい価値」よりはるかに大きいグローバル・レベルの「新しい価値」にチャレンジできます。社長就任時に「名実ともに世界ナンバーワン企業になる事業基盤を築く」という目標を掲げ、世界14万人の社員たちの「共感」と「協力」を得て、全員の力を結集して、リーマンショックや東日本大震災という危機を乗り越え、当初からの定量目標であった「ROA（総資産利益率）6%」を達成することができました。この達成感は、自分にとって、かけがえのない、唯一無二の思い出であるのは確かなことです。

しかし、それを踏まえたうえで、ぜひお伝えしたいのは、社長になったからといって、人様と比べて「上等な人」になったわけではないし、「上等な人生」を送ったわけでもないということです。それはただ、「社長」という担当職をやったというだけのことで、それ以上の意味など、何ひとつないと心の底から思うのです。

だから、「上昇志向」や「出世欲」で、貴重な人生を毎日キリキリして費やすのは、非常にもったいないことだと、私は思っています。

それよりも、気負わず「自然体」で、自分が「面白い」と思うことを追求するほうがよほどいい。「こんなことができたらいいな」という「理想」や「ビジョン」を掲げ、周囲の人々の共感を得、力を合わせて実現させることの喜びは、「出世」する喜びなどよりもはるかに深いものです。会社人生における楽しかった「モニュメント」にもなります。それを追求したほうが、きっと豊かな人生を送ることができると思うのです。

それに、これまで、いろいろな人々を見てきましたが、「上昇」「出世」をむき出しで「追いかける」人は、参謀には「不適格」という結論にならざるを得ませんでした。結局のところ、参謀として抜擢され、その後のキャリアも自然と拓かれていくのは、「自然体」で、周囲の人々と力を合わせて、生き生きと楽しそうに働いている人々だったのです。

これは、考えてみれば当たり前のことで、そういう人は、周囲の人々の力によって、「自然と押し上げられてくる」からです。そして、そのように現場で押し上げられてくる人物は、上層部にとっては、「経営」と「現場」の繋ぎ手としての参謀に最適任の人材だと認識されるのです。

私は、これこそ「自分を活かす道」だと思います。

「上昇志向」や「出世欲」を原動力にすることには限界があります。

それよりも、気負わず「自然体」で、周囲の人々と楽しく「新しい価値」を生み出すために働く。そんな素朴な姿勢こそが、私たちの可能性を最大限に拡大してくれるのだと確信しています。

あとがき

「リーダータイプ」か「参謀タイプ」か？

本書を書きながら、このよくある問題設定を常に意識していました。そして、全体を書き上げたいま、「どちらも本質は同じである」という結論に至りました。


もちろん、リーダーと参謀は果たす役割が異なります。

リーダーは、意思決定を下し、その実行を統率するとともに、結果責任を引き受ける存在であり、そのリーダーをサポートするのが参謀の役割です。

リーダーの最大のフォロワーが参謀だと言ってもいいでしょう。

しかし、本書で、再三述べてきたように、参謀は、リーダーとは異なる自律性をもち、ときにリーダーを牽制することができなければ、リーダーを守ることができません。

そして、参謀が発揮すべき自律性とは、自らの実践と思考を通して、磨き上げた「原理原則」を厳守するところから生まれてきます。つまり、自らが自らを律するという意味でのリーダーシップがなければ、参謀の役割を果たすことはできないということです。

また、参謀は、上司という「機関」を機能させるのが仕事です。

そのためには、本来、「社会のなかで会社はどのような存在であるべきか」「社会に貢献するためには、会社はどのような機能を果たすべきなのか」「会社のなかで上司はどのような機能を果たすべきなのか」といったイメージを、自分の力で描き出せていなければなりません。

そして、その全体イメージをもちつつ、上司が正しく「機能」できるように、上司の「先回り」をしながら環境を整えていくことができて、はじめて優れた「参謀」になることができるわけです。上司の指示・命令を待つのではなく、その「先回り」をするうえでも、リーダーシップがなければならないということです。

つまり、参謀の本質にはリーダーシップがあるのです。

あるいは、こう言うべきかもしれません。参謀とは、「フォロワーシップのあるリーダーである」と。

なぜなら、参謀はときに、上司の指示・命令に「従わない」という判断をしなければならない局面があるからです。上司の指示・命令が「原理原則」に反していると判断したときには、それに抗い、「原理原則」を外さない実行可能な対案を提示、採用されるようにするのが参謀の真骨頂です。

であれば、参謀の本質は「フォロワー」であることにあるのではなく、「リーダーをサポートする役割」という立ち位置を堅持しつつも、上司とは別個の「リーダーシップ」を発揮すべき存在ということになるはずです。

だからこそ、私は、「リーダータイプ」「参謀タイプ」ともに、リーダーシップが求められるという意味で、どちらも本質的に同じであると結論づけたいのです。

こう言ってもいいかもしれません。

優れた参謀こそが、優れたリーダーへと成長できるのだ、と。

なぜなら、「フォロワーシップに欠けたリーダー」は、リーダーとして十分に機能し得ないと思うからです。

リーダーシップを論じた自著『優れたリーダーはみな小心者である。』（ダイヤモンド社）のなかで、私はこう書きました。

「リーダーシップとは、相手を無理やり動かすことではない。そんなことをしても反発を食らうだけ。それよりも、魅力的なゴールを示して、メンバーの共感を呼ぶことが重要。そして、メンバー一人ひとりの主体性を尊重することで、チームが自然に動き出す状況をつくる。こうして結果を生み出していくことこそがリーダーシップ。そのためには、相手の気持ちを思いやる

『繊細さ』こそが武器になるのだ」

ここで私が言いたかったのは、メンバー一人ひとりが主体性を発揮することによって、その能力を最大限に「機能」できるようにすることこそが、リーダーの仕事だということです。

そのためには、人事権を振りかざして、メンバーを無理やり動かすのではなく、参謀が上司を「機能」させるためにフォロワーシップを発揮するのと同じ感覚で、リーダーがメンバー一人ひとりを「機能」させるためにフォロワーシップを発揮すべきなのです。

つまり、本物のリーダーとは、単なる「リーダー」ではなく、「フォロワーシップのあるリーダー」だと言えます。その意味で、参謀は「本物のリーダー」になるための登竜門なのだと思うのです。

ちなみに、「あの人は、参謀としては有能だったが、組織を動かすリーダーとしては失格だった」といったことがよく言われますが、私は、真相は違うのではないかと思います。実際には「真の参謀」ではなかったから、「リーダー」としても機能しなかったのではないかと思うのです。

ただし、リーダーシップを発揮しようと「気負う」必要はありません。

それよりも、肩の力を抜いて、「こうなればいいな」「こんなことができたらいいな」という「理想」を思い描き、それを実現すべくみんなと力を合わせることです。そして、自分が「正しい」と思えないことには、「NO」と言う。そんな、人として当たり前のことを淡々とやり続ければ、そこには自然とリーダーシップが生まれているのです。

本書が、そんな生き方をしていくうえでの参考書になれば幸いです。そして、たくさんの優れた「参謀」が生まれることで、多くの会社が活性化するとともに、豊かで楽しい人生を送る人が増えることを、心から祈っています。

2020年5月

荒川詔四

荒川詔四（あらかわ・しょうし）

世界最大のタイヤメーカー株式会社ブリヂストン元代表取締役社長。

1944年山形県生まれ。東京外国語大学外国語学部インドシナ語学科卒業後、ブリヂストンタイヤ（のちにブリヂストン）入社。タイ、中近東、中国、ヨーロッパなどでキャリアを積むなど、海外事業に多大な貢献をする。

40代で現場の課長職についていたころ、突如、社長直属の秘書課長を拝命。アメリカの国民的企業ファイアストンの買収・経営統合を進める社長の「参謀役」として、その実務を全面的にサポートする。

その後、タイ現地法人社長、ヨーロッパ現地法人社長、本社副社長などを経て、同社がフランスのミシュランを抜いて世界トップの地位を奪還した翌年、2006年に本社社長に就任。世界約14万人の従業員を率い、2008年のリーマンショック、2011年の東日本大震災などの危機をくぐりぬけ、世界ナンバーワン企業としての基盤を築く。

2012年3月に会長就任。2013年3月に相談役に退いた。キリンホールディングス株式会社社外取締役、日本経済新聞社社外監査役などを歴任。著書に『優れたリーダーはみな小心者である。』（ダイヤモンド社）がある。

参謀の思考法
——トップに信頼されるプロフェッショナルの条件

2020年6月3日　第1刷発行
2023年6月8日　第5刷発行

著　者——荒川詔四
発行所——ダイヤモンド社
〒150-8409　東京都渋谷区神宮前6-12-17
https://www.diamond.co.jp/
電話／03·5778·7233（編集）　03·5778·7240（販売）

装丁————奥定泰之
編集協力——前田浩弥
DTP————NOAH
製作進行——ダイヤモンド・グラフィック社
印刷————加藤文明社
製本————ブックアート
編集担当——田中 泰

ISBN 978-4-478-10669-3